신문이 살아남는 방법

신문이 살아남는 방법

UMBERTO ECO
MANIA
COLLECTION

움베르토 에코 지음

김운찬 옮김

열린책들

일러두기

- 이 책은 열린책들에서 2003년에 출간한 『누구를 위하여 종은 울리나 묻지 맙시다 *Cinque Scritti Morali*』의 신판이다.
- 에코가 단 각주는 〈원주〉라고 표기했다. 그 외의 각주는 모두 옮긴이가 달았다.
- 이 책은 원래 다섯 편의 글로 구성되어 있었으나 〈타자가 등장할 때〉는 에코 마니아 컬렉션의 한 권인 『세상 사람들에게 보내는 편지』(이세욱 옮김)에도 실려 있어서 삭제했다.

이 책은 실로 꿰매는 정통적인 사철 방식으로 만들어졌습니다.
사철 방식으로 만든 책은 오랫동안 보관해도 손상되지 않습니다.

서문

여기에 모은 글들은 두 가지 공통점을 갖고 있습니다. 우선 이 글들은 시사 문제에 관한 발표나 학회 같은 특별한 기회를 계기로 탄생하였습니다. 그리고 주제의 다양성에도 불구하고 윤리적 성격의 글들이며, 따라서 하면 좋을 일, 하지 않아야 할 일 또는 어떤 희생을 치르더라도 절대로 해서는 안 될 일에 관한 글들입니다.

그 특별한 기회의 성격과 관련하여, 이 글들을 어떤 상황에서 썼는지 밝히는 것이 필요하리라 생각합니다. 그렇지 않으면 이해하기 어려울 수도 있으니까요.

「신문이 살아남는 방법」은 상원(카를로 스코냐밀리오 의장)에서 조직한 일련의 세미나에서 발표된 보고서입니다. 따라서 상원 의원들, 이탈리아의 주요 일간 신문

책임자들 앞에서 발표되었으며, 발표 후 그들과 방대한 토론을 벌였습니다. 이 텍스트는 상원에서 편집한 『주스티니아니 궁에서의 연구 모임들. 오늘날의 신문과 정치 세계』[1]에 수록되었습니다. 여기에는 카를로 스코냐밀리오, 에우제니오 스칼파리, 줄리오 안셀미, 프란체스코 타블라디니, 실바노 보롤리, 발테르 벨트로니, 살바토레 카루바, 다르코 브라티나, 리비오 카푸토, 파올로 미엘리의 발표들도 실려 있습니다.

「전쟁에 대한 한 생각」은 걸프전이 벌어지던 무렵인 1991년 4월 1일 『도서 리뷰*La Rivista dei Libri*』에 발표되었습니다.

「영원한 파시즘」은, 유럽의 해방을 기념하기 위하여 1995년 4월 25일 컬럼비아 대학의 이탈리아어, 프랑스어 학과에서 조직한 심포지엄에서 영어로 발표했습니다. 그 후 『뉴욕 도서 리뷰*The New York Review of Books*』에 〈영원한 파시즘*Eternal Fascism*〉이라는 제목으로 출판되었고(1995년 6월 22일), 1995년 7~9월의 『도서 리뷰』에 〈퍼지 전체주의와 원형 파시즘*Totalitarismo*

1 *Gli Incontri di studio a Palazzo Giustiniani. Stampa e mondo politico oggi*(Roma: Tipografia del Senato, 1995) — 원주.

fuzzy e Ur-fascismo〉이라는 제목으로 출판되었습니다(이것은 단지 몇몇 형식적인 가벼운 수정을 제외하곤 이 책과 사실상 같은 판본입니다). 하지만 이 텍스트는 미국의 대학생 청중을 위해 고찰한 것이며, 또한 오클라호마의 테러로 인해 그리고 미합중국에 극우파 민병대 조직들이 존재한다는 사실(전혀 비밀이 아닌)로 인해 미국이 들끓고 있을 무렵에 발표되었다는 점을 상기할 필요가 있습니다. 그러므로 반파시즘이라는 주제는 그런 상황에서 특별히 함축된 의미를 가졌으며, 또한 그에 대한 역사적 성찰은 여러 국가로 하여금 시사성 있는 문제들에 대해 숙고해 보도록 자극했습니다 — 이 발표문은 나중에 여러 외국 신문과 잡지에 실렸지요. 그리고 이 논의는 미국 젊은이들을 대상으로 하였기 때문에 이탈리아 독자라면 분명 알고 있을 사건들에 대해 거의 초보적인 설명과 정보들을 제공하고 있으며, 루스벨트를 인용하고, 미국의 반파시즘에 대해 암시하면서 해방 무렵의 유럽인과 미국인들 사이의 만남에 대해 강조하고 있습니다.

「이주, 관용 그리고 참을 수 없는 것」은 콜라주입니다. 첫 번째 단락은 1997년 1월 23일 발렌시아 시 당국이 개최한, 세 번째 천 년의 전망에 관한 학회 개막 강연의 첫 부분입니다. 두 번째 단락은 1997년 3월 26일과 27일 파리에서 세계 문화 아카데미가 개최한, 불관용에 관한 국제 포럼의 서언을 번역하고 수정한 것입니다. 세 번째 단락은 프리프케[2]에 대한 로마 군사 법정의 판결에 즈음하여, 「라 레푸블리카La Repubblica」지에 〈누구를 위하여 종은 울리나 묻지 맙시다*Non chiediamoci per chi suona la campana*〉라는 제목으로 발표되었던 것입니다.

2 Erich Priebke(1913~). 나치 친위대 대위로 1944년 3월 24일 로마 근교의 포세 아르데아티네Fosse Ardeatine에서 335명의 억류된 정치인과 볼모들을 학살하는 데 참여하였다. 전쟁 후 그는 아르헨티나로 도피하였으나, 1994년 아르헨티나 당국에 체포되었고, 오랜 협상 끝에 1995년 11월 이탈리아로 인도되었다. 1997년부터 군사 재판이 열렸고, 1999년 2월 8일 대법원은 그에게 종신형을 확정하였으나 가택 연금을 허용하였다. 현재 그는 로마의 소형 아파트에서 경찰의 감시하에 생활하고 있으며, 하루에 세 명까지 만나는 것이 허용되어 있다. 프리프케의 전쟁 범죄에 대한 이탈리아 군사 법정의 모호한 태도는 격렬한 항의를 불러일으키며 이탈리아의 국내 정치 문제로 비화되었다.

차례

신문이 살아남는 방법

상원 의원 여러분,

여러분에게 제가 간략하게 제시하려는 것은 이탈리아 신문의 상황, 특히 정치 세계와 관련된 상황에 대한 하나의 〈탄원서*cahier de doléances*〉입니다. 저로서는 그것을 신문사 대표들의 등 뒤가 아니라 바로 눈앞에서 할 수도 있습니다. 제가 지금 하고자 하는 이야기는 1960년대 이후로 대부분 일간지나 주간지에다 썼던 것들이기 때문이지요. 이는 자유롭고 공평한 신문이 자기 자신을 비판할 수 있는 나라에 우리가 살고 있다는 것을 의미합니다.

제4권력의 기능은 분명 다른 전통적인 세 권력들(경제적 권력 및 정당과 노동 조합들로 대표되는 권력과 함께)을 비판하고 통제하는 것입니다. 하지만 자유 국가에서 비판은 억압적 기능을 갖지 않기 때문에 그렇게 할 수 있는 것입니다. 말하자면 대중 매체들은 오로지 여론을 창출함으로써만 국가의 정치 생활에 영향을 줄 수 있습니다. 그렇지만 전통적 권력들은 매체들을 통하지 않고서는 매체들을 비판하고 통제할 수 없습니다. 그렇지 않다면 그들의 개입은, 행정적이건 입법적이건 또는 사법적이건, 승인이 됩니다 — 그것은 단지 매체들이 범죄를 저지르거나 또는 정치적, 제도적 불균형의 상황을 조성하는 것처럼 보일 경우에만 일어날 수 있는 일이지요(〈대등한 조건*par condicio*〉에 관한 논쟁을 보십시오). 그러나 매체들(우리의 경우 신문들)은, 비판에서 면제될 수 없기 때문에, 신문이 자기 자신을 문제시할 수 있다는 것은 바로 건강한 민주 국가의 조건입니다.

그럼에도 불구하고 종종 그것만으로 충분하지 않습니다. 오히려 그렇게 한다는 것이 하나의 확고한 알리바이, 또는 엄격하게 말하자면 마르쿠제가 〈억압적 관용〉이라 불렀던 전형적인 경우를 만들 수도 있습니다. 그러니까 자기비판적 공평함이 일단 증명된 다음에는, 신문은 스스로를 개혁하는 데 더 이상 관심이 없게 되는 것이지요. 대략 20여 년 전에 리비오 차네티[1]는 저에게

1 Livio Zanetti(1924~2000). 이탈리아의 저널리스트. 1970년부터 1984년까지 『레스프레소』의 편집장을 역임하였다.

『레스프레소』[2] 자체에 대한 기다란 비판의 글을 요구하여 바로 『레스프레소』에 실었습니다. 지나친 겸손일지 모르지만, 그 후 『레스프레소』가 개선되었다면, 그것은 저의 글 덕택이 아니라 오히려 자연스러운 상황의 전개 때문이었을 것입니다. 제가 기억하는 한 저의 비판은 충분한 시간적 여유를 남겨 두었습니다.

이 〈탄원서〉를 제시하는 과정에서 저는 신문과 정치 세계의 관계를 비판하면서, 마치 정치 세계가 신문 남용의 순진한 희생자인 것처럼 비판하고 싶지는 않습니다. 정치 세계는 이제 제가 개략적으로 설명할 상황과 충분히 공동의 책임이 있다고 생각합니다.

그리고 저로서는 이탈리아에서 일어나는 것은 언제나 나쁘다고 생각하는 그런 편협한 사람이 되지는 않을 것입니다. 또한 저는 종종 외국 선호증에 걸린 이탈리아 신문의 오류에 빠지지 않을 것입니다. 이탈리아 신문은 외국의 신문을 지명할 때면 언제나 〈권위 있는〉이라는 형용사를 앞에 붙여서 심지어는 〈권위 있는 「뉴욕 포스트」〉라고 말하면서 어떤 확인으로 이용하기도 하지요. 「뉴욕 포스트」는 오마하나 네브래스카에서는 읽기가 부

2 *L'Espresso*. 『파노라마*Panorama*』와 함께 이탈리아의 대표적인 시사 주간지. 1955년 베네데티A. Benedetti와 스칼파리E. Scalfari가 로마에서 창간했다.

끄러울 정도로 수준이 낮은 신문이라는 사실을 모르고 말입니다. 오늘날 이탈리아의 신문이 겪고 있는 대부분의 병은 거의 모든 나라에 공통적인 것입니다. 하지만 저는 단지 긴요한 경우에만 다른 나라들에 대해 언급할 것입니다. 왜냐하면 〈두 개의 잘못은 절대로 하나의 올바른 일을 만들지 못하기〉 때문입니다.

마지막으로 밝힐 것이 있습니다. 저는 참고 자료로서 「라 레푸블리카」와 「코리에레 델라 세라」[3] 그리고 『레스프레소』만을 정확하게 사용할 것입니다. 이것은 제가 글을 썼고 또 현재도 계속 쓰고 있는 세 매체이며, 따라서 저의 비판은 편견이나 악의에 치우친 것으로 여겨질 수 없을 것입니다. 그렇지만 제가 밝히고자 하는 문제들은 이탈리아의 모든 신문과 관련되어 있습니다.

1960년대와 1970년대의 논쟁들

1960년대와 1970년대에 있었던 신문의 기능과 성격에 관한 논쟁은 두 개의 테마를 둘러싸고 전개되었습니

3 이탈리아에서 가장 판매 부수가 많은 양대 일간 신문. Corriere della Sera는 1876년에 밀라노에서 창간되었고, la Repubblica는 1976년 로마에서 창간되었다.

다. (1)뉴스와 논평 사이의 차이, 그러니까 객관성에 대한 관심의 환기, 그리고 (2)신문은 정당이나 경제적 집단들에 의해 운영되는 권력의 도구라는 것이었지요. 정당이나 경제적 집단들은 의도적으로 비밀스러운 언어를 사용하는데, 그들의 진짜 기능은 시민들에게 뉴스를 제공하는 것이 아니라, 독자들의 머리 위를 지나 다른 권력 집단에 암호화된 메시지를 보내는 것이기 때문이라는 것이었지요. 정치적 언어는 바로 동일한 원리에 적응되었고, 가령 〈평행적 합의〉 같은 표현은 그러한 언어의 상징으로 대중 매체에 관한 문헌에 남게 되었습니다. 그것은 하원 의사당 복도에서나 가까스로 이해할 수 있는 것이지, 보게라[4]의 가정주부[5]는 전혀 이해할 수 없는 말입니다.

곧 살펴보겠지만 이 두 테마는 대부분 쓸모없는 것입

4 Voghera. 롬바르디아 지방 남서부에 위치한 인구 4만여 명의 조그마한 읍.

5 (1997년의 주) 다른 기회에 이미 밝혔지만 역사적 정확성을 위해 다시 한 번 상기하자면, 〈보게라의 가정주부들*casalinghe di Voghera*〉이라는 제유(提喩)는 (기묘하게도 상이한 여러 저자들에게서 나온 것으로 생각하지만) 실제로는 1960년대에 이탈리아 국영 방송 여론국에서 실시한 정치적 언어의 이해에 대한 설문 조사에서 유래하였다(이 여론 조사는 〈세속 정당〉처럼 평범하다고 간주되는 표현들을 실제로는 일반 대중들이 전혀 이해하지 못한다는 것을 증명하였다). 당시 다양한 표본들을 조사하였는데, 그중에 보게라의 가정주부들로 구성된 표본이 포함되어 있었다 — 원주.

니다. 한편으로는 객관성에 관한 방대한 논쟁이 있었는데, 많은 사람들이 (기상 예보를 제외하고는) 진정으로 객관적인 뉴스는 절대로 존재하지 않는다고 주장하였지요. 아무리 신중하게 뉴스와 논평을 분리한다고 하더라도, 뉴스의 선택과 지면의 편집 자체가 암시적인 판단의 요소가 됩니다. 최근에 들어와 소위 〈주제화〉라는 스타일이 널리 확산되었습니다. 그러니까 하나의 지면에다 어떤 방식으로든 상호 관련된 뉴스들을 싣는 것이지요. 이러한 주제화의 예를 들자면 여기 1월 22일 일요일 자 「라 레푸블리카」 17면이 있습니다. 4개의 기사가 실려 있습니다. 〈브레시아,[6] 딸을 분만하여 죽게 하다〉, 〈로마, 집에 혼자 남은 네 살짜리 아이가 창문턱 위에서 놀다, 아버지는 결국 레지나 코엘리[7]에 가다〉, 〈로마, 자식을 부양하고 싶지 않은 사람도 병원에서 분만할 수 있다〉, 〈트레비소,[8] 이혼한 어머니가 엄마 역할을 포기하다〉. 보시다시피 버림받은 어린아이들의 위험이 주제화되어 있습니다. 우리가 제기해야 할 문제는 이런 것입니다. 이것이 이 시대의 전형적인 시사 문제인가? 그런 경

6 Brescia. 롬바르디아 지방의 도시.

7 Regina Coeli. 로마에 있는 감옥의 이름으로, 종종 감옥의 대명사로 쓰이기도 한다.

8 Treviso. 이탈리아 북부 베네토 지방의 도시.

우에 대한 모든 뉴스가 있는가? 만약에 단지 네 가지 경우에만 해당하는 문제라면, 이 사건은 통계적으로 별로 중요하지 않을 것입니다. 하지만 주제화는 사법과 의결에 관한 고전적인 수사학에서 〈사례*exemplum*〉라 불렀던 것으로 뉴스를 부각시킵니다. 단 하나의 경우에서 규칙을 추출하는 것이지요(또는 추출하도록 교묘하게 암시하지요). 만약 단지 네 가지 경우에만 해당한다면, 신문은 훨씬 더 많은 경우들이 있을 것이라고 생각하도록 만듭니다. 그리고 만약 더 많은 경우들이 있다면, 신문은 그것을 말하지 않았을 것입니다. 주제화는 네 개의 뉴스를 제공하는 것이 아닙니다. 그것은 어린아이들의 상황에 관한 강한 의견을 표현합니다. 편집자가 원했던 바와는 상관없이 말입니다. 편집자는 17면을 어떻게 채울지 몰랐기 때문에 아마도 늦은 밤에 그렇게 편집했을 수도 있습니다. 그렇다고 주제화의 기법이 잘못되었거나 위험하다는 말이 아닙니다. 제가 말하고자 하는 것은, 주제화가 완전히 객관적인 뉴스를 제공하면서 어떻게 의견들을 표현할 수 있는지 보여 준다는 것입니다.

비밀스러운 언어의 문제에 관해서는, 저로서는 우리 이탈리아의 신문은 그것을 버렸다고 말하고 싶습니다. 왜냐하면 정치가들의 언어 역시 변했기 때문입니다. 이제 정치가들은 더 이상 마이크 앞에서 종이 쪽지에 적은 모호하고 정교한 문장들을 읽지 않습니다. 오히려 반대로 같은 배에 탄 자신의 동료가 배신자라고 〈솔직한 말로*apertis verbis*〉 말하기도 하고, 반면 상대방은 자기 생식 기관의 발기 능력을 커다란 목소리로 과장하기도 하지요. 오히려 신문은 오늘날 〈사람들〉이라 일컬어지는 그 무형의 실체가 이해할 수 있는 언어 쪽으로 기울고 있습니다. 그러면서 사람들이 단지 기성품 문장들로만 말한다고 생각합니다. 여기에(저는 지금 저의 학생들이 한 달 동안 이탈리아 신문에서 수집한 기성품 문장들의 자료를 조금씩 사용하고 있습니다) 1995년 1월 11일자 「코리에레 델라 세라」에 실린 단 하나의 기사 안에 다음과 같은 기성품 문장들의 목록이 있습니다.[9] 〈희망은 마지막에 죽는다〉, 〈우리는 지금 벽에 부딪혀 있다〉, 〈디니,[10] 피와 눈물을 예고하다〉, 〈퀴리날레[11]는 전쟁 준비

9 다음에 열거되는 이탈리아어 문장들은 매우 비유적이고 은유적인 표현들로 우리말로 정확하게 상응하는 표현으로 옮기기 어렵다. 따라서 직역에 가깝게 번역하였으나, 일부 불가피한 경우 의역을 하였다.

10 Lamberto Dini(1931～). 경제학자이자 정치가로 이탈리아 은행의 은행장을 역임하였으며, 에코가 이 글을 쓸 무렵인 1995년 1월부터 1996년 4월까지 이탈리아 내각의 총리를 역임하였다.

11 Quirinale. 이탈리아의 대통령 궁. 퀴리날레 언덕은 고대 로마 건국의 발판이 된 일곱 언덕 중 하나로, 1574년 교황 그레고리우스 12세의 명령에 따라 이곳에 세워진 퀴리날레 궁전은 이후 교황의 거처로 사용되었다가, 1870～1945년에는 이탈리아 국왕의 거처로 사용되었다.

가 되어 있다〉, 〈소들이 외양간을 떠난 다음에야 울타리를 세우다〉, 〈판넬라,[12] 정면 사격을 가하다〉, 〈시간은 촉박하고, 배 아플 겨를은 없다〉, 〈정부가 길을 열어야 할 것이다〉, 〈우리는 싸움에서 패할 것이다〉, 〈물이 우리 목에까지 차올랐다〉 등입니다. 1994년 12월 28일 자 「라 레푸블리카」에서 발견되는 문장으로는, 〈염소와 배추를 동시에 구해야 한다〉, 〈지나치게 원하는 자는 아무것도 얻지 못한다〉, 〈신이여, 친구들에게서 나를 구하소서〉, 〈최악의 파트너 선택〉, 〈피닌베스트,[13] 다시 싸움터로 내려오다〉, 〈튀김은 다 되었다〉, 〈성인(聖人)이라도 별수 없다〉, 〈근절하기 어려운 잡초〉, 〈바람은 돈다〉, 〈텔레비전은 사자가 되고, 우리에게는 단지 부스러기만 남겨 준다〉, 〈다시 올바른 길로 가자〉, 〈시청률이 폭락하다〉, 〈이야기의 맥을 잃다〉, 〈눈을 열다〉, 〈시장(市場)에 기울인 귀〉, 〈엉망진창이 되어 나오다〉, 〈옆구리의 고통스러운 가시〉, 〈항복한 적의 명예를 살려 주다〉 같은 것들입

대통령의 거처이자 집무실로 사용된 것은 제2차 세계 대전 후 공화국이 성립되면서부터이다.

12 Marco(본명은 Giacinto) Pannella(1930～). 이탈리아의 정치가로 1956년 〈급진당PR〉의 창당 멤버 중 한 명이었으며, 이혼, 낙태 등 주로 시민권의 신장을 위한 진보적 운동을 전개하였다.

13 Fininvest. 베를루스코니Berlusconi 가문이 이끄는 거대한 재벌 그룹. 1978년에 창립되었으며, 부동산, 방송, 출판, 영화, 광고, 유통, 스포츠, 보험, 금융업 등 다양한 분야에 걸쳐 있다.

니다. 이것은 신문이 아니라 『바르바네라』[14]입니다. 이러한 상투적인 표현들이 결과적으로 〈평행적 합의〉보다 더 투명한지 아닌지 질문해 볼 필요가 있습니다. 최소한 〈붉은 여단〉[15]은 이 〈평행적 합의〉가 무엇을 의미하는지 이해하였으며, 또한 실제로 그에 따라 행동하였지요.

주목해야 할 것은, 〈사람들〉에게 어울리는 이러한 기성품 문장들 중 50퍼센트는 저널리스트들가 발명하였고, 나머지 50퍼센트는 의원들의 선언에서 인용되었다는 사실입니다. 보시다시피, 또 다른 기성품 문장을 사용하자면, 〈원은 협소해지고 있으며〉, 지금 우리는 누가 타락시키는 자이고 누가 타락하는 자인지 알 수 없는 악마적 동맹을 밝히는 중입니다.

그러니까 객관성과 비밀스러운 언어에 관한 낡은 논쟁은 이제 끝났습니다. 이제 새로운 문제들이 펼쳐져 있습니다. 그 문제들은 무엇이고, 또 어떻게 탄생하였을까요?

14 *Barbanera*. 〈검은 수염〉이라는 뜻. 1743년부터 이탈리아 중북부의 작은 도시 폴리뇨에서 발간되는 일종의 책력(冊曆)으로 주로 농민들을 위한 예측, 조언, 일화 등을 싣고 있다.

15 Brigate Rosse. 1970년대 초 이탈리아에서 결성된 좌파 성향의 테러 집단. 선진 자본주의에 대항하기 위해서는 무장 투쟁이 필요하다고 주장하였으며, 실제로 1978년 당시 기민당 당수였던 알도 모로Aldo Moro 총리를 로마에서 납치하여 결국에는 살해하였다.

일간지가 주간지 되다

1960년대 신문들은 아직 텔레비전의 경쟁으로 인한 어려움을 겪지 않았습니다. 오직 아킬레 캄파닐레[16]만이 1962년 9월 그로세토[17]에서 열린 텔레비전에 관한 학회에서 눈부신 통찰력으로 뉴스를 지적하였습니다. 예전에는 신문들이 맨 처음 뉴스를 전했는데 나중에 다른 매체들이 개입하여 문제를 심화시켰다는 것, 신문은 〈편지가 뒤따름〉[18]이라는 말로 끝나는 전보가 되었다는 것이었습니다. 1962년에는 이미 전송(電送) 뉴스가 저녁 8시에 텔레비전 신문[19]에 의해 전달되고 있었습니다.

16 Achille Campanile(1900~1977). 이탈리아의 작가, 저널리스트. 특히 난센스 또는 비논리적 상황을 토대로 한 역설적인 유머와 재치가 돋보이는 희극 작품과 소설들을 남겼다. 『거짓말의 전략*Tra menzogna e ironia*』에 실린 「캄파닐레: 낯설게하기로서의 희극Campanile: Il comico come straniamento」에서 에코는 그의 희극의 특징에 대해 다루고 있다.

17 Grosseto. 이탈리아 중서부의 토스카나 지방에 있는 도시의 이름.

18 *Segue lettera*. 전보의 말미에 붙이는 관용적인 표현으로, 상세한 것은 나중에 편지로 하겠다는 의미이다. 주로 어떤 계약의 제안을 일단 전보로 수용할 때 사용되었다. 여기에서 *lettera*는 〈편지〉 이외에 〈문자〉 또는 〈글자〉라는 의미도 있으며, 따라서 텔레비전 뉴스보다 뒤늦게 전달되는 신문의 〈글로 쓴〉 뉴스를 암시한다.

19 *telegiornale*. 〈원거리의〉, 〈전송〉을 뜻하는 *tele*에다 〈일간 신문〉을 의미하는 *giornale*가 합성된 단어로 일반적으로 텔레비전 뉴스를 가리킨다.

신문은 이튿날 아침 똑같은 뉴스를 제공하였지요. 신문은 이제 〈전보가 뒤따름, 아니 앞섬〉이라는 말로 끝나는 편지가 되었던 것입니다.

무엇 때문에 캄파닐레 같은 희극 작가만이 이러한 역설적 상황을 깨달았을까요? 그 당시 텔레비전은 체제 옹호적인 것으로 간주되는 한두 개의 채널로만 제한되어 있었고, 따라서 뉴스의 출처로 신뢰할 만하다고 간주되지 않았습니다(그리고 대부분 실제로 그랬지요). 반면 신문은 더 많은 것을 좀 더 명백하게 말했지요. 희극인들은 영화관이나 카바레에서 탄생하였고, 언제나 텔레비전에서 성공을 거둔 것은 아니었습니다. 정치적 커뮤니케이션은 광장에서 얼굴과 얼굴을 맞댄 상태에서 또는 벽에 붙은 성명서들을 통해서 이루어졌습니다. 1960년대에 이루어진 텔레비전 좌담에 관한 한 연구는 수많은 정치 토론에 대한 분석을 통하여, 자신들의 제안을 평균적인 텔레비전 시청자들에게 맞추려는 의도로 인해, 공산당의 대표가 결과적으로 기독교 민주당 대표와 아주 비슷한 말을 하게 되었다는 것을 입증하였지요. 말하자면 차이가 없어졌고, 각자 가능한 한 중립적이고 안정적인 정당으로 보이고자 노력했던 것입니다. 그러므로 논쟁, 정치적 싸움은 다른 곳에서 이루어졌는데, 대부분이 신문을 통해서였습니다.

그 후 양적인 도약(채널들이 훨씬 더 많아졌지요)과 함께 질적인 도약이 있었습니다. 심지어 국영 텔레비전 내부에서도 정치적 성향이 다른 세 개의 채널로 나누어졌습니다. 풍자, 격렬한 논쟁, 특종의 제작은 이제 텔레비전의 손으로 넘어갔습니다. 텔레비전은 심지어 성(性)의 장벽까지 무너뜨렸고, 밤 11시의 몇몇 프로그램은, 아직까지는 엉덩이의 경계선에서 멈추는 『레스프레소』나 『파노라마』의 근엄한 표지들보다 훨씬 더 대담해졌지요. 1970년대 초에 저는 미국의 토크 쇼에 관한 논평을 발표하였는데, 바로 늦은 밤에 시청자들을 텔레비전 화면 앞에 고정시킬 수 있는 시민적이고 재치 있는 대화의 장소로서 이탈리아의 텔레비전에 토크 쇼를 열광적으로 제안했던 것으로 기억합니다. 그 후 이탈리아의 텔레비전 화면에 토크 쇼가 점점 더 의기양양하게 나타났지요. 하지만 그것은 차츰차츰 격렬한 충돌, 때로는 심지어 물리적인 충돌의 장이 되었고, 단도직입적인 말들의 무대가 되었습니다(진실의 명예를 걸고 말하자면, 그런 전개 과정은 다른 나라의 토크 쇼들에서도 나타난 것입니다).

그렇게 텔레비전은 뉴스 확산의 일차적 출처가 되었고, 일간 신문에는 단지 두 가지 길만 남게 되었습니다. 첫 번째 가능한 길(지금으로서는 단지 〈확산된 관심〉이라 정의하고 싶은)에 대해서는 나중에 말하도록 하겠습니다. 저는 대부분의 신문이 두 번째 길을 선택했다고 단언할 수 있습니다. 즉 신문이 〈주간지화〉되었습니다. 일간지는 점점 더 주간지와 비슷하게 되었고, 버라이어티, 풍습, 정치 생활과 관계된 소문들에 대한 논의, 공연 예술계에 대한 관심에 방대한 지면을 할애하였습니다. 이것은 고급 주간지들(예컨대 『파노라마』, 『레스프레소』, 『에포카*Epoca*』, 『에우로페오*Europeo*』)을 위기에 처하도록 만들었습니다. 주간지에는 두 가지 길이 남게 되었습니다. 즉 〈월간지화〉하거나(하지만 이미 전문적인 월간지들 — 요트, 시계, 요리, 컴퓨터 등에 관한 — 이 고유의 충실하고도 확실한 시장과 함께 건재하고 있습니다), 아니면 잡담거리의 공간을 침범해야 합니다. 그 공간은 왕실의 결혼에 열광하는 독자들을 위한 『젠테*Gente*』나 『오지*Oggi*』 같은 중급 주간지들 또는 떠들썩한 간통 이야기에 빠진 사람들이나 화장실에서 속옷 차림으로 가슴을 드러내 놓은 사진을 찾는 사람들을 위한 『노벨라 2000 *Novella 2000*』, 『스톱*Stop*』, 『에바 익스프레스*Eva Express*』 같은 저급 주간지에 속해 있었고, 지금도 여전히 그렇지요.

하지만 고급 주간지들은, 말미의 페이지들이 아니면, 중급이나 저급으로 내려갈 수 없습니다. 또한 실제로 그렇게 하고 있지요. 가슴이나 애정 어린 우정, 결혼 이야기들은 바로 그곳에서 찾아야 합니다. 그러나 그렇게 함으로써 고유 독자의 특징을 잃게 됩니다. 고급 주간지가 중급 또는 저급의 영역을 넘나드는 만큼, 고유의 전통적 독자가 아닌 더 많은 독자 대중을 확보하지만, 이제 누구를 지향하는지 더 이상 알 수 없게 되고 따라서 위기에 처하게 됩니다. 판매 부수는 증가하지만 정체성을 상실하지요. 또 다른 한편으로 주간지는 일간지들의 주간 부록에 의해 결정적인 타격을 받고 있습니다. 그렇다면 단 하나의 해결책이 남습니다. 미국의 경우처럼 고급 독자들을 지향하는 출판의 길을 선택하는 것입니다. 가령 『뉴요커』는 연극 공연들의 목록, 고급 수준의 만화, 간략한 시선(詩選)들을 제공하면서, 동시에 예컨대 헬렌 울프Helen Wolf 같은 출판업계의 위대한 귀부인의 생애에 관한 타자 용지 50여 페이지에 달하는 기사를 싣기도 합니다. 아니면 『타임』이나 『뉴스위크』의 길을 택할 수도 있습니다. 이 주간지들은 일간지나 텔레비전에서 이미 말한 사건들에 대해 말한다는 것을 인정하지만, 바로 그 사건들에 대한 핵심 요약이나 아주 자세하고 깊이 조사한 자료들을 제공합니다. 각각의 자료는 몇 달 동안의 계획과 작업을 거쳐야 하며, 놀라울 정도로 꼼꼼히 확인된 자료 수집이 필요하며, 따라서 이 주간지들이 사실 자료에 관한 한 나중에 정정 기사를 내는 경우는 거의 없습니다. 또한 『뉴요커』에 실을 기사도 몇 달 전에 의뢰하며, 만약 나중에 적합하지 않다고 판단될 경우에도 저자는 똑같이(그것도 아주 후하게) 돈을 지급받고 원고는 버리지요. 이런 유형의 주간지는 아주 엄청난 비용이 들기 때문에 단지 영어권의 세계 시장에서만 존재할 수 있지, 구독률이 아직은 실망스러운 이탈리아어권의 좁은 시장에서는 존재할 수 없습니다.

결국 주간지는 바로 자신의 길 위에서 일간지를 따르고자 하고, 서로가 동일한 독자들을 차지하기 위해 상대방을 능가하려고 노력하지요. 바로 그러한 이유로 인해 영광스러운 『에우로페오』는 폐간되었고, 『에포카』는 텔레비전 광고들로 겨우 유지하면서 대안의 길을 찾고자 필사적으로 노력하고 있으며, 『레스프레소』와 『파노라마』는 서로 차별화하려고 싸우고 있습니다. 그렇게들 하고 있지만, 독자 대중은 점점 더 그것을 깨닫지 못합니다. 저는 아는 사람들을 종종 만나는데, 교양도 있는 몇몇은 제가 매주 『파노라마』에 쓰는 멋진 칼럼에 대한 찬사를 늘어놓으면서, 아첨과 함께 자기는 『파노라마』만 구입한다고, 오로지 저의 칼럼을 읽기 위해서 『파노라마』만을 구입한다고 주장하기도 합니다.[20]

악순환에 빠진 일간지

그렇다면 일간지들은 어떻게 해야 할까요? 주간지화하기 위해 페이지 수를 늘리고, 페이지 수를 늘리기 위해 광고를 확보하려고 싸우고, 더 많은 광고를 싣기 위해 페이지 수를 더욱 늘리고 부록들을 고안해 내고, 그 페이지 수들을 모두 채우기 위해 무엇인가를 이야기해야 하고, 또한 무엇인가 이야기하기 위해 무미건조한 뉴스(이미 텔레비전에서 보도된)를 넘어서야만 하고, 그럼으로써 점점 더 주간지화하고 또 뉴스를 발명해야 하며, 때로는 뉴스가 아닌 것을 뉴스로 만들기도 합니다.

한 가지 예를 들겠습니다. 몇 달 전 그린차네[21]에서 어떤 상을 받는 자리에서 저의 친구이자 동료인 잔니 바티모[22]가 저를 소개하였습니다. 철학을 공부하는 사람

20 에코가 칼럼을 집필하는 잡지는 『파노라마』가 아니라 『레스프레소』이다. 에코는 1985년부터 『레스프레소』의 말미에 〈미네르바 성냥갑〉이라는 한 페이지짜리 칼럼을 쓰고 있다. 주로 시사적인 문제들을 다루는 그의 칼럼은 처음에는 매주 나왔으나, 1998년부터 지금까지는 격주로 실리고 있다. 이 칼럼들의 일부는 1999년 봄피아니 출판사에서 단행본으로 출판했다.

21 Grinzane. 카부르의 성Castello Cavour으로 불리기도 하는 이탈리아 북부 피에몬테 지방에 있는 인구 1천6백여 명의 소읍.

22 Gianni Vattimo(1936~). 현대 이탈리아의 대표적인 철학자 중 한 명. 토리노 대학교에서 에코와 함께 루이지 파레이손Luigi Pareyson(1918~1991)에게 수학했다. 주로 하이데거와 니체에 대해 연구하였다.

은 잘 알다시피, 저의 입장은 바티모의 입장과 다르며, 그럼에도 불구하고 우리는 공개적으로 서로 존경을 표현하고 있지요. 또한 우리는 청년 시절부터 형제 같은 친구이며, 즐거운 자리에 함께하는 기회가 있을 때마다 서로 상대방을 들쑤시기 좋아한다는 것을 아는 사람들도 많습니다. 그날 바티모는 바로 그런 즐거운 자리로 생각하였고, 재치 있고도 애정 어린 소개를 했습니다. 그리고 저 역시 똑같이 농담 섞인 반박과 역설로 우리의 영원한 차이점을 강조하면서 응수하였지요. 그다음 날 한 이탈리아 신문은 문화면의 한 면 전체를 그린차네의 충돌에 할애하였고, 저널리스트에 의하면, 그것은 이탈리아 철학계의 공개되지 않은 새롭고 극적인 불협화음의 탄생이 될 것이라고 썼습니다. 그 기사를 쓴 기자 역시 그것이 문화적인 뉴스거리조차 되지 않는다는 것을 아주 잘 알고 있었지요. 그는 단지 존재하지도 않는 〈하나의 사건을 창조〉했던 것입니다. 정치권에서도 이와 유사한 예들을 아마 발견할 수 있을 것입니다. 그런데 이 문화계의 예는 흥미롭습니다. 신문은 하나의 사건을 만들어야만 했습니다. 문화, 버라이어티, 풍습에 할애된, 그리고 공연의 이데올로기에 의해 지배되는, 지나치게 많은 면들을 채워야 했기 때문입니다.

1월 23일 월요일의 「코리에레 델라 세라」(총 44면)와

「라 레푸블리카」(총 54면)를 봅시다. 「코리에레 델라 세라」 면들의 밀도가 더 높다는 것을 고려하면, 전체 분량은 거의 비슷합니다.[23] 월요일은 아주 힘든 날입니다. 신선한 정치적, 경제적 뉴스들이 없고 기껏해야 스포츠가 남아 있지요. 그날 이탈리아는 내각의 위기가 절정에 이르러 있었고, 신문들은 디니와 베를루스코니[24]의 결투에 집중할 수 있었습니다. 이스라엘에서 〈아우슈비츠의 날〉에 벌어진 학살의 소식으로 제1면의 대부분을 채울 수 있었으며, 거기에다 안드레오티[25] 사건이 덧붙여져 있고, 「코리에레 델라 세라」는 케네디 가문의 여가장(女家長)의 죽음을 다루고 있습니다. 그리고 체첸 사태에 따른 사건 기사들이 있군요. 나머지는 어떻게 채울까요? 이 두 신문은 각각 일곱 면과 네 면을 국내 사건들에 할애하고, 열네 면과 일곱 면을 스포츠에, 두 면과 세 면을 문화에, 두 면과 다섯 면을 경제에 그리고 여덟 면

23 「코리에레 델라 세라」는 「라 레푸블리카」보다 더 크기 때문에 한 면에 더 많은 기사를 실을 수 있다.

24 Silvio Berlusconi(1936～). 피닌베스트 그룹을 소유한 기업가이자 정치가. 1993년부터 〈전진 이탈리아Forza Italia〉당을 이끌고 있으며, 1994년에는 내각의 수상을 역임하기도 하였다.

25 Giulio Andreotti(1919～). 이탈리아 내각의 수상을 네 번이나 역임한 정치계의 핵심 인물로 1991년 종신 상원 의원으로 지명되었다. 1995년 당시에는 마피아와의 연루설로 인해 재판에 회부되어 있는 상태였다.

에서 아홉 면을 풍습, 공연, 텔레비전에 할애하고 있습니다. 두 경우 모두 서른두 면 중에서 최소한 열다섯 면을 주간지 유형의 기사에 할애하고 있습니다.

이제 같은 월요일 자 「뉴욕 타임스」를 봅시다. 총 52면 중에서 열여섯 면이 스포츠에, 열 면이 도시권의 문제에, 열 면이 경제에 할애되어 있습니다. 열여섯 면이 남아 있지요. 저쪽에는 당면한 위기가 없으며, 또한 워싱턴은 너무 많은 공간을 요구하지 않기 때문에, 내셔널 리포트의 다섯 면이 국내 사건을 다루고 있습니다. 그리고 이스라엘의 학살 소식 이외에, 페루, 아이티, 쿠바 난민들, 루안다, 보스니아, 알제리, 빈곤에 관한 국제 회의, 지진 이후의 일본, 가이요 주교[26] 사건에 관한 최소한 열 개의 기사를 발견할 수 있습니다. 거기에다 빽빽하게 두 면에 걸쳐 정치적 분석과 논평이 뒤따르고 있습니다.

이탈리아의 두 신문은 페루, 아이티, 쿠바, 루안다에 대해 말하고 있지 않습니다. 앞의 세 주제가 분명 유럽인들보다 미국인들의 관심을 더 끈다고 칩시다. 어쨌든

26 Jacques Gaillot(1935~). 프랑스의 성직자로 핵 실험을 반대하고, 여러 나라의 해방 운동을 지지하였으며, 결혼한 사람의 성직자 임명, 에이즈 예방을 위한 콘돔 사용, 동성애자 인정 등 논쟁적인 화제들에 대한 개방적인 태도로 구설수에 올랐다. 로마 교황청은 1995년 1월 그를 에브뢰Evreux의 주교 자리에서 해임하였다.

이탈리아 신문들이 공연과 텔레비전에 할애할 부분을 늘리기 위하여 국제적인 당면 문제들을 간과하였다는 것이 명백히 드러납니다. 「뉴욕 타임스」는 단지 월요일이기 때문에 두 면을 미디어 비즈니스에 할애하고 있지만, 공연의 등장인물들에 대한 폭로나 예고편들이 아니라, 쇼 비즈니스에 관한 경제적 분석과 고찰들을 싣고 있습니다.

일간 신문과 텔레비전

이탈리아의 신문은 이제는 이미 텔레비전의 시녀입니다. 소위 말하듯이 신문의 일정표를 확정하는 것은 바로 텔레비전입니다. 텔레비전 뉴스가 제1면으로 끝나는 신문은 세계에 없습니다. 그 전날 밤에 클린턴이나 미테랑이 텔레비전 화면에서 말하지 않았거나 또는 어느 전국적 네트워크 방송사의 대표가 바뀌었을 경우가 아니라면 말입니다.

어쨌든 신문의 면들을 채워야 하기 때문이라고 대답하시지 말기 바랍니다. 여기 1월 22일 일요일 자 「뉴욕 타임스」가 있습니다. 광고 삽입물들, 책에 관한 잡지, 버라이어티, 여행, 자동차에 관한 주간지 등을 포함하여 총

569면입니다. 텔레비전 — 그것은 미국인들의 상상계에서도 많은 공간을 차지하고 있는 가전 제품이지요 — 에 관한 부분을 찾아보도록 합시다. 텔레비전에 대해서는 예술과 공연에 관한 부록의 32면에서 말하고 있는데, 프로그램들의 인종적인 고정 관념에 관한 고찰이 있고, 화산에 관한 멋진 다큐멘터리에 대한 기다란 논평이 있습니다. 그리고 분명 프로그램 책자도 있습니다. 하지만 텔레비전의 주제는 버라이어티와 풍습에 대한 부록에서조차 다시 등장하지 않습니다. 그러므로 지면들을 채우고 독자 대중의 관심을 끌기 위해 텔레비전에 대해 말해야 한다는 것은 사실이 아닙니다. 그것은 선택이지 필수가 아닙니다. 같은 날 이탈리아 신문들은 키암브레티[27]의 방송에 방대한 공간을 할애하고 있는데(그것은 앞으로도 방송될 프로그램이고, 따라서 일종의 무료 광고이지요), 거기에서 핵심 뉴스는 키암브레티가 텔레비전 카메라와 함께 제가 당시 강의하고 있던 대학 강의실에 들어가려고 시도했는데, 제가 — 그 장소와 기능에 대한 존중으로 인해 — 허락하지 않았다는 사실에 관한 것입니다. 그것이 정말로 뉴스였다면〔어떤 성소(聖所)가 텔

27 Piero Chiambretti(1956~). 이탈리아의 방송인. 1994년에서 1995년까지 국영 방송사 RAI에서 이탈리아의 대학들을 순회하는 특집 프로그램을 진행하였다.

레비전에 의해 침범되지 않았다는 것도 뉴스가 될 수 있으니까요], 호기심의 별표와 함께 단지 서너 줄의 가치가 있을 것입니다.

그리고 만약에 어떤 정치가가 손에 카메라를 들고 그 강의실 문을 두드렸는데, 제가 물러가라고 권유하였다면, 어떻게 되었을까요? 아마도 그는, 강의실에 들어가지도 못하고 비디오를 열지도 못한 채, 신문의 앞면들을 차지했을 것입니다. 이탈리아에서 정치 세계는 텔레비전에서 무엇인가 주장함으로써(심지어 무엇인가 주장할 것이라고 알림으로써) 신문의 우선적인 일정표를 확정하며, 다음 날 신문은 이탈리아에서 일어난 사건에 대해 말하지 않고, 텔레비전에서 말한 것 또는 말하게 될 것에 대해 말하게 됩니다. 만약에 그렇다면, 그것은 어느 정치가가 텔레비전에서 한 도발적인 말이 분명히 신문에서 공식 성명의 장소를 이미 확보하기 때문입니다. 이제 이탈리아에서는 정치 뉴스 중에서 다고스티노와 스가르비 사이의 주먹다짐[28]이 제1면까지 차지하게 되었습니다.

분명 이탈리아는 어떤 다른 나라보다 텔레비전이 정

28 치안 판사 Ottavio D'Agostino와 〈전진 이탈리아〉당의 하원의원 Vittorio Sgarbi가 텔레비전으로 생방송되는 시사 토론 프로그램에서 논쟁하던 중에 물리적인 충돌을 일으킨 사건을 가리킨다.

치 생활과 밀접하게 연결되어 있는 나라입니다. 그렇지 않다면 〈대등한 조건〉에 대하여 논의하지 않을 것이며, 그것은 베르나베이[29]의 시절에, 그러니까 피닌베스트가 지평선에 나타나기 훨씬 이전에 이미 일어났던 일입니다. 지난 1월 29일 일요일 어느 외국인 친구가 저에게 지적하더군요. 오직 이탈리아에서만 키암브레티의 〈나는 떠나지 않겠다〉는 역사적 선언(단지 산토로[30]가 그 전날 도발적인 말을 던졌기 때문에)이 「라 레푸블리카」의 제1면과 제7면에서, 「코리에레 델라 세라」의 제5면의 여러 칼럼에서 나타날 수 있다고 말입니다. 분명 한 희극인이 직업상 내린 결정이 제1면의 뉴스가 되어서는 안 될 것입니다. 더군다나 그 희극인이 방송을 중단하기로 결정한 것도 아니고 평온하게 계속하기로 결정했을 경우에 말입니다. 만약 사람이 개를 물면 뉴스지만 개가 사람을 물면 뉴스가 아니라고 한다면, 그것은 명백하게 어떤 사람도 물지 않은 개의 경우에 지나지 않

29 Ettore Bernabei(1921～). 정치가이자 전문 경영인으로 1960년부터 1974년까지 이탈리아 국영 방송사 RAI의 책임자로 거의 독점적으로 텔레비전 문화를 이끌었고, 그 기간을 가리켜 〈베르나베이 시절〉이라 부르기도 한다.

30 Michele Santoro(1951～). 이탈리아의 저널리스트. 여러 신문의 칼럼을 연재하였고, 국영 방송사 RAI에서 시사 및 문화 프로그램을 진행하고 있다.

습니다. 그렇지만 엔초 비아지[31]까지 연루된 그 논쟁 뒤에는 일종의 불안감, 분명 정치적 냄새가 나는 논쟁이 있다는 것을 우리는 모두 알고 있습니다. 바로 그것을 신문은 제1면에 싣지 않을 수 없었다고 말해야겠지요. 그것은 신문 자체의 잘못이 아니라 이탈리아의 잘못된 상황 때문입니다. 그렇지만 저는 그러한 이탈리아의 상황에 대한 책임은 신문에도 있다고 감히 말하고 싶습니다.

오히려 신문이 텔레비전 시청자들의 관심을 끌기 위하여 앞장서서 텔레비전을 특권적인 정치 공간으로 설정하였고, 자신의 자연스러운 경쟁자를 지나칠 정도로 선전해 주고 있는 것입니다. 정치가들은 거기에서 당연한 결과들을 이끌어 냈지요. 그들은 바로 텔레비전을 선택하였고, 텔레비전의 언어와 방식을 채택한 것입니다. 그렇게 함으로써 신문의 관심까지 확보할 수 있을 것이라는 확신과 함께 말입니다.

신문은 과도할 정도로 공연을 정치화하였습니다. 그렇다면 정치가가 치치올리나[32]를 의회에 데려감으로써

31 Enzo Biagi(1920~2007). 작가이자 저널리스트. 이탈리아 국영 방송사 RAI와 주요 신문들을 통해 다양한 시사 논평을 하였다.

32 Cicciolina. 본명은 일로나 스탈라Ilona Stallar. 헝가리 태생의 포르노 스타로 유명한데, 1987년 급진당 계열로 출마하여 하원 의원에 당선됨으로써 이목을 집중시켰다.

주목을 받으려고 노력한 것은 당연합니다. 치치올리나의 경우는, 본능적으로 정숙한 체하는 텔레비전이 그녀에게 제공하지 않은 공간을 곧바로 신문들이 제공하였기 때문에 나타난 전형적인 사례입니다.

인터뷰

신문은 자신의 일정표를 텔레비전에 의존하면서 동시에 스타일 면에서 텔레비전과 대등한 경쟁을 하기로 결정하였습니다. 모든 뉴스 — 정치, 문학, 과학 뉴스 — 를 제공하는 가장 전형적인 방법은 인터뷰가 되었지요. 인터뷰는 텔레비전의 경우 의무적인 것입니다. 누군가에 대해 말하면서 그를 직접 보여 주지 않을 수는 없으니까요. 인터뷰는 과거에는 신문들이 아주 인색하게 사용했던 수단입니다. 인터뷰한다는 것은 자기 고유의 공간을 누군가에게 선물하여 그가 말하고 싶은 것을 말하도록 한다는 것을 의미합니다. 어떤 작가가 책을 출판하였을 때 일어나는 일을 생각해 보십시오. 독자는 신문으로부터 하나의 판단과 방향 설정을 기대하며, 유명한 비평가의 견해 또는 기사 제목의 진지함을 신뢰합니다. 그런데 오늘날 신문은 무엇보다도 그 작가와 인터뷰를 하는 데 성공하지 못하면 패배한다고 생각합니다. 도대체 작가와의 인터뷰란 무엇입니까? 숙명적으로 그것은 광고입니다. 작가가 보잘것없는 책을 썼다고 주장하는 경우는 거의 없습니다. 〈만약 당신이 인터뷰를 허락하지 않으면 우리는 서평조차 하지 않을 것이오〉라는 암시적인 강요는 통상적인 것이지요(제 기억으로는 이것은 다른 나라에서도 일어나고 있습니다). 하지만 종종 신문은 인터뷰에만 만족하여 서평을 잊기도 합니다. 어쨌든 독자는 속게 됩니다. 광고가 비평적 판단보다 앞서거나 대신하고, 따라서 종종 비평가는 마침내 글을 쓸 때에도 더 이상 책에 대해 논의하지 않고 작가가 여러 인터뷰에서 자기 책에 대해 말했던 것에 대하여 논의하지요.

아주 당연한 말이지만 정치가와의 인터뷰는 일정한 강조 행위입니다. 인터뷰는 신문을 수단으로 사용하려는 정치가가 요청하거나 — 물론 그런 공간을 줄 만한 가치가 있는지 평가하는 것은 신문이지요 — 또는 정치가의 어떤 일정한 입장을 깊이 분석하려는 신문사 쪽에서 요청합니다. 진지한 인터뷰는 많은 시간이 걸려야 하며, 또한 인터뷰하는 사람은 (거의 전 세계에서 그러하듯이) 나중에 따옴표로 인용된 부분들을 재검토해야만 오해와 반박들을 피할 수 있습니다. 오늘날 신문들은 매일 10여 개의 생략되고 훼손된 인터뷰들을 싣고 있어서,

인터뷰한 사람이 다른 신문에다 했던 말을 하기도 하지요. 그런데 경쟁에서 이기기 위해서는 그 신문의 인터뷰가 다른 신문의 인터뷰보다 더 좋은 맛을 내야 합니다. 그러므로 게임은 바로 정치가에게서 절반의 자백을 빼앗아 내어 그것을 의도적으로 강조하여 스캔들로 터뜨리는 데에 있습니다.

그렇다면 정치가는, 언제나 그다음 날 무대에 나타나서 전날 밝혔던 것을 부인해야 하는, 신문의 희생자일까요? 만약 그렇다면 그에게 이렇게 물어보아야 할 것입니다. 〈왜 그렇게 당하고 있습니까? 왜 노코멘트라는 효과적인 기법을 사용하지 않습니까?〉 하고 말입니다. 지난 10월 보시[33]가 자기 당의 의원들에게 기자들과 말하지 말라고 금지시켰을 때 바로 그런 길을 선택한 것처럼 보였습니다. 그것은, 그가 신문들의 공격을 받도록 만들었으니까, 실패한 선택이었을까요? 아니면 최소한 이틀 동안 그가 모든 일간 신문들에서 한 면을 온통 차지하도록 만들었으니까, 성공한 선택이었을까요? 의회 출입

33 Umberto Bossi(1941~). 1979년 〈롬바르디아 동맹Lega Lombarda〉(1991년부터 〈북부 동맹Lega Nord〉으로 바뀌었다)당을 창당한 우파 성향의 정치가. 상대적으로 부유한 이탈리아 북부가 가난하고 낙후된 남부와 분리되어야 한다고 주장하였으며, 실제로 1996년에는 북부를 중심으로 한 〈파다니아Padania 공화국〉을 선포하기도 하였다.

기자들이 주장하는 바에 의하면, 나중에 격렬하게 부인하는 모든 선언의 경우, 그 절반의 선언을 진짜로 만든 것은 바로 정치가라는 것입니다. 신문이 그것을 공표하면, 일단 〈시험 풍선*ballon d'essai*〉을 띄웠으니까, 이튿날 부정할 수 있고, 또한 어떤 암시 또는 위협이 목표물에 도달하게 만들기 때문이지요. 결국 교묘한 정치가의 희생자인 의회 출입 기자에게 이렇게 질문해야겠지요. 〈왜 그렇게 당하고 있습니까? 왜 그에게 따옴표 안의 문장을 확인하고 밑에 서명하도록 요구하지 않습니까?〉 하고 말입니다.

대답은 간단합니다. 이 게임에서 각자 무엇인가 얻을 것이 있고, 잃을 것은 전혀 없습니다. 게임이 소용돌이 칠수록 선언들이 매일 연이어 나타나고, 독자는 맥락을 잃고 처음에 했던 말을 잊게 되지요. 그 대가로 신문은 뉴스를 짜내고, 정치가는 미리 예정된 유리함을 얻지요. 그것은 독자와 시민들에게 피해를 주는 〈사악한 협정 *pactum sceleris*〉입니다. 하지만 모든 범죄와 마찬가지로 그것은 결국 보상을 지불하지 않습니다. 신문과 정치가들이 대가로 얻는 것은 불신과 사람들의 〈알게 뭐야?〉라는 반응뿐입니다.

인터뷰를 더욱 맛있는 것으로 만들기 위하여, 앞에서 말했듯이, 정치적 언어의 급격한 변화가 나타났습니다.

정치적 언어는 텔레비전의 언쟁과 논쟁 방식들을 취함으로써 이제 더 이상 신중하지 않고 아주 생생하고도 즉각적입니다. 오랫동안 우리는 쪽지에 적은 신중하고도 모호한 선언을 읽기만 하는 이탈리아 정치가들에 대해 불평하였으며, 또한 미국의 정치가들이 마이크 앞에서 팔짱을 끼고 즉석에서 말하고 심지어는 담화 중간에 재치 있는 문장들을 삽입하는 모습에 감탄하였습니다. 그런데 사실은 그게 아니었습니다. 사실 그들 중 대부분은 자기 대학의 다양한 스피치 센터 과정을 이수하였고, 겉으로는 즉석에서 지어낸 것 같지만 실제로는 아주 미세한 부분까지 조정된 웅변의 규칙들을 따르고 있었으며, 전용 교범에 기록되어 있거나 전날 밤 〈유령 작가〉들이 준비한 문장들을(말실수의 경우들을 제외한다면) 말하고 있었던 것입니다.

고대 로마 공화국 궁정의 웅변에서 벗어난 이탈리아 공화국의 정치가들은 진짜로 즉석 연설을 하고 있습니다. 그들은 좀 더 이해하기 쉽게 말하고 있지만, 때로는 무절제하게 말하지요. 두말할 나위도 없이 주간지화하기로 결정한 신문들에게 이것은 잔칫상입니다. 무례한 비유를 용서해 주시기 바랍니다만, 그것은 시골 선술집의 통상적인 심리적 메커니즘입니다. 그러니까 만약 누군가 너무 많이 마신 나머지 경솔한 첫 문장을 말하면,

청중은 모두 온갖 노력으로 그를 자극하여 모든 한계를 넘어서도록 만들고 싶어 합니다. 이것은 바로 토크 쇼에서 나타나는 도발의 역학이며, 신문 기자와 정치가 사이의 관계에서 설정되는 역학이기도 합니다. 오늘날 우리가 〈정치 싸움의 악화〉로 정의하고 있는 현상들의 절반 정도는 바로 이러한 통제할 수 없는 역학에서 나오는 것이지요. 제가 말했듯이, 이 소용돌이 속에서 독자는 분명히 자세한 선언을 잊어버립니다. 그 대신 남아서 풍습을 이루는 것은 논쟁의 어조이며 모든 것이 허용된다는 설득입니다.

신문이 신문에 대해 말하다

이러한 열광적인 선언 사냥에서는, 신문이 오로지 다른 신문에 대해서만 말하는 경우가 더욱 자주 발생합니다. A신문에 실린 기사가 다음 날 B신문에 실릴 인터뷰를 예고하는 경우가 더욱 많아졌습니다. 그리고 A신문에 실린 선언을 절대로 하지 않았다고 부인하는 사람의 편지가 더욱 자주 등장하고, 여기에 대해 B신문의 인터뷰에 실린 그의 대답을 분명히 읽었다고 주장하는 저널리스트의 응답이 뒤따르기도 하지요. B신문도 그 뉴스를 C신문에서 간접적으로 따왔다는 것을 전혀 고려하지 않은 채 말입니다.

신문은 텔레비전에 대해 말하지 않을 때에는 바로 자기 자신에 대해 말합니다. 그것은 텔레비전에서, 주로 텔레비전에 대해 말하는 텔레비전에서 배운 것입니다. 이러한 비정상적인 상황은 걱정스러운 분노를 유발하는 게 아니라 오히려 정치가에게 유리하게 작용합니다. 즉 단 하나의 매체를 통한 자신의 모든 선언이 연결된 다른 모든 매체들의 공명 상자를 메아리치게 한다는 것은 그에게 유리하지요. 따라서 대중 매체들은 세계를 향해 열린 창문에서 거울로 바뀌고, 시청자와 독자들은 백설공주처럼 자기 자신을 되비추는 정치 세계를 바라보게 됩니다.

이제 누가 특종을 잡는가

『레스프레소』는 종종 기억할 만한 캠페인을 펼치곤 했습니다. 〈타락한 수도(首都), 감염된 국가〉 같은 탁월한 표어를 생각해 보십시오. 그런데 이러한 캠페인 기법은 무엇이었을까요? 제 집에 있는 『레스프레소』 1년치 합본판은 단 한 권으로 바로 1965년판인데, 지난번에

한번 펼쳐 보았지요. 1권에서 7권까지의 기사들은 정치에서 풍습에 이르기까지 광범위하였는데, 특별한 폭로 기사는 없었습니다. 다만 7권에 〈성 베드로의 배당금〉이라는 제목으로 얀누치Jannuzzi의 조사가 있는데, 바티칸이 이탈리아 정부의 동의하에 3년 동안 국고에서 4백억 리라를 착복하였다고 고발하고 있었습니다. 당시는 공의회(公議會) 기간이었고, 헌법 제7조를 다시 문제 삼고 있었으며, 따라서 그것은 뜨거운 주제였습니다. 8권에서 국고의 문제는 다시 거론되지 않고 있습니다. 그 대신 호흐후트[34]의 「대리인」에 관한 기사, 이 작품의 공연이 로마 경찰청에 의해 봉쇄되었다는 기사가 스칼파리[35]의 글과 함께 실려 있습니다. 또한 공의회에 관한 폭로 기사가 기자의 이름을 밝히지 않은 채 실려 있군요. 독자가 첫눈에 알아볼 수는 없지만, 「대리인」의 주제가 산드로 데 페오[36]의 연극 칼럼에서 다시 거론되고 있습

34 Rolf Hochhuth(1931～). 독일의 작가. 역사적 자료들을 토대로 한 희곡들을 발표하였는데, 특히 최근 역사의 사건들에 대한 치밀한 비판을 가하고 있다. 1963년에 발표한 희곡 「대리인」은 교황 피우스 12세가 나치에 의한 유대인 학살에 대해 침묵한 것을 비난하고 있다.

35 Eugenio Scalfari(1924～). 이탈리아의 저널리스트로 『레스프레소』의 창간에 참여하였으며 1963～1968년에는 편집국장을 역임하였다. 또한 1976년에는 일간지 「라 레푸블리카」를 창간하여 1996년까지 이끌었다.

36 Sandro De Feo(1906～1968). 이탈리아의 작가, 저널리스트. 주

니다. 9권에서 공의회의 내막에 관한 카밀라 체데르나[37]의 기다란 기사가 시작되는데, 그것은 13권까지 계속됩니다.

거의 두 달이 지난 13호에 이르러서야 리비오 차네티 Livio Zanetti의 기사가 정교(政敎) 협약*concordato*에 관한 논의의 정치적 문제를 거론하지만, 그 문제는 단지 마지막 부분에서만 바티칸의 국고 착복 의혹의 문제와 연결되어 있습니다. 이 주제는 14권에서 다시 등장하지만 제1면을 차지하지는 못합니다. 15권에서 교회는 팔코니Falconi의 기사에서 거론되는데, 반항적인 성직자들 및 바르비아나Barbiana 교회라는 당시로서는 새로운 사건에 관한 글입니다. 단지 16권에서야 제1면의 논설에서 넨니[38]의 바티칸 방문의 정치적 중요성에 대해 말하고 있습니다. 바로 이탈리아가 자신의 권리를 주장할 수 있을까 하는 것이지요. 18권부터는 사법부의 미스터리에 관한 새로운 조사가 시작됩니다.

『레스프레소』는 분명 자신의 전략을 갖고 있었으며,

로 연극에 관한 기사들을 신문과 잡지들에 기고하였다.

37 Camilla Cederna(1911~1997). 저널리스트, 평론가. 현대 이탈리아의 사회와 풍습에 관한 비평들을 발표하였으며, 정치적 참여 성향이 강한 다큐멘터리들을 집필하기도 하였다.

38 Pietro Nenni(1891~1980). 이탈리아의 정치가. 1963~1968년에는 내각의 부총리였다.

매주 〈늑대다! 늑대다!〉 하고 외칠 수 없음을 알고 있었지요. 그래서 어조들을 조절하였고, 뉴스들을 조금씩 맛보게 하였고, 독자들이 차츰차츰 자신의 의견을 형성하도록 하였으며, 정치 계급으로 하여금 신중하지만 지속적인 모니터링의 중요성을 느끼도록 만들었고, 필요한 경우 폭로로 되돌아갈 수 있다는 것을 깨닫도록 만들었습니다.

오늘날에도 주간지가 동일한 방식으로 행동할 수 있을까요? 아닙니다. 그 이유로는, (1)그 당시의 『레스프레소』는 인쇄 부수나 지명도에서 지배 계급을 대상으로 했습니다. 지금은 독자들이 최소한 다섯 배는 증가하였으며, 더 이상 섬세하고 단계적이며 점진적인 암시 기법을 따를 수 없습니다. (2)오늘날에는 첫 특종을 다른 신문이나 다른 매체들이 다시 다루고 확대할 수 있습니다. 똑같은 주제를 다시 다루기 위해서는, 주간지는 즉각적으로 공격을 배가시켜야 하고, 충분히 검토되지 않은 자료들을 부풀리는 위험 부담을 안고서라도 더욱 폭발적인 뉴스를 찾아내야 할 것입니다. (3)정치 세계에서나 정치 세계의 텔레비전 출연에서, 아마도 그 주제는 이미 전투의 수준에 도달해 있을 것입니다. 뉴스의 대상은 더 이상 국고 착복의 의혹이 있다는 사실이나 정교 협약의 문제가 아니라, 그 문제에 대해 이미 불붙은 생생한 충돌이 될 것입니다. 그렇다면 주간지는 단지 다른 신문들이나 텔레비전 뉴스들이 그 문제를 어떻게 다루는가에 대하여 말하게 될 것입니다. (4)마지막으로 신문의 변화 요소들 중에서 사법부의 새로운 태도를 고려하지 않을 수 없습니다. 과거의 신문은 정치 세력들이 침묵하고, 검찰이 보지 못하는 곳에 개입하였지요. 〈깨끗한 손〉[39] 이후 검찰은 신문이 발견할 것이 거의 없을 정도로 모든 분야에서 기소의 강도를 높였습니다. 신문은 사법부에서 나온 기소들을 반복하거나(또는 무분별하고 광적인 경쟁에서 미리 예상하거나), 아니면 게임을 바꾸어 검찰을 고발하는 수밖에 없습니다. 하지만 여기에서도 텔레비전의 뒤를 따를 수밖에 없지요. 그렇다면 역할 게임은 발작적인 것이 됩니다. 이 발작이 게임의 모든 효과를 없애거나, 아니면 유일한 복합적 효과로서 정치 싸움의 악화를 창출하게 됩니다.

예전의 신문은 알고 있는 사람들에게서 어떤 신중한

39 Mani Pulite. 1990년대 초 이탈리아의 정치계를 뒤흔들었던 부정부패 척결 운동을 가리킨다. 이 운동은 안토니오 디 피에트로Antonio Di Pietro(1950~) 검사를 필두로 펼쳐졌는데, 그는 1992년 밀라노의 한 요양소와 관련된 뇌물 비리 사건을 파헤치면서 사회당 출신의 총리 베티노 크락시Bettino Craxi를 권좌에서 물러나게 하였다. 이후 이탈리아의 여러 정치가들과 경제인들이 연루된 각종 부패와 비리에 대한 검찰의 조사와 기소가 이어졌다.

시인(是認)을 얻어 내기 위해 로마에 있는 관청들의 복도에 자신의 스파이들을 보냈다면, 오늘날에는 아마도 누군가가 부탁도 하지 않았는데 먹음직스러운 자료 기록들, 만약 그 신빙성을 확인하지 않는다면 우스꽝스러운 과장이 되어 신뢰성을 상실하게 되는 그런 자료들을 건네주지 않는가 조심해야 할 것입니다. 방어 게임을 해야 하고, 외부에서 가해지는 타격들을 막아 내야 합니다. 그래서 (사건들과 정치 세계, 첩보, 저널리즘 사이의 중간쯤에서 게임을 하였던) 페코렐리[40]가, 저널리즘을 자율적인 제4의 권력으로 생각하였던 아리고 베네데티[41]를 이겼던 것입니다.

다른 나라에서도 상황이 달리 전개되는 것은 아닙니다. 최근 프랑스는 모든 수단을 동원한 특종 경쟁이 공화국 대통령의 가장 내밀한 부분까지 침범하였다는 불만을 터뜨렸습니다. 이러한 특종 경쟁의 결과가 무엇인지는 닉슨과 클린턴의 비교가 잘 말해 줍니다.

40 Carmine Pecorelli(1928~1979). 이탈리아의 변호사, 저널리스트. 1968년 정치 평론 잡지 『국제 정치 관측소*Osservatorio Politico Internazionale*』를 창간하였다. 이 잡지는 정치계에서 여러 가지 파문을 불러일으켰고, 급기야 1979년 그는 정체를 알 수 없는 암살자에게 권총으로 살해당하였다.

41 Arrigo Benedetti(1910~1976). 이탈리아의 작가, 저널리스트. 주간지 『에우로페오』(1945~1954)와 『레스프레소』(1955~1963)의 편집장을 역임하였다.

「워싱턴 포스트」가 워터게이트 사건에 대해 조사하기 이전에는, 대통령과 그의 명예에 대한 비정치적인 공격은 전혀 없었습니다. 기만의 실체 그 자체를 고려한다면, 만약 닉슨이 지나치게 열성적인 협력자들을 기소하였다면, 거기에서 쉽게 빠져나올 수 있었을 것입니다. 그런데 거짓말로 시작하는 오류를 범하였지요. 그 시점에서 신문의 캠페인은 온통 미합중국의 대통령이 거짓말을 했다는 사실에 집중되었고, 마침내 닉슨은 굴복하게 되었지요. 간접적으로 가택 침입 죄를 범했기 때문이 아니라, 거짓말의 부도덕성 때문이었습니다. 결과적으로 선택은 분명하고 정확하고 치밀하였으며, 바로 그 때문에 효과적인 선택이었습니다. 클린턴에 반대하는 캠페인을 지극히 미약하고 맥 빠지게 만드는 것은, 이제는 이미 매일 하나의 특종이 나타난다는 사실이며, 또한 특종을 얻기 위해 조금도 주저함 없이, 부동산 투기에서 국가의 돈으로 고양이를 기르는 것에 이르기까지 모든 잘못을 클린턴과 힐러리에게 뒤집어씌운다는 사실입니다. 너무 지나칠 정도지요. 여기에서 대중의 여론은 혼란해지고, 근본적으로 회의적인 상태로 남게 됩니다. 여기에서도 역시 최종적인 결과는 정치 싸움의 악화입니다. 그리하여 지도자가 바뀌게 되는 것은 단지 그가 감옥에 가게 될 경우입니다.

무엇을 할 것인가

이러한 모순에서 빠져나오기 위해 신문이 선택할 수 있는 길은 두 가지밖에 없습니다. 둘 다 어려운 길인데, 지금까지 그런 길들을 실천했던 외국 신문들 역시 새로운 시대에 적응하기 위해 어떤 방식으로든 변화해야만 할 정도입니다.

첫 번째 길은 〈피지Fiji 방식의 길〉입니다. 1990년에 저는 거의 한 달 동안 피지 섬에 있었고, 지난해에는 거의 한 달 동안 카리브 해의 섬에 있었습니다. 머물렀던 작은 섬들에서 저는 단지 지역 신문만을 읽을 수 있었지요. 여덟 면 또는 열두 면에다 식당 광고들이 대부분을 차지하고 지역적 성격의 뉴스들이 실린 신문들입니다. 더구나 피지 섬에 있는 동안 걸프전이 터졌고, 카리브 해에 있을 때에 이탈리아에서는 비온디 법령[42]에 대한 논의가 있었는데, 저는 모든 핵심 사실들의 흐름을 알 수 있었습니다. 그 지극히 초라한 신문들은 단지 통신사의 메시지들에 의존하면서도 그 전날의 가장 중요한 뉴스들을 단 몇 줄로 제공해 주었습니다. 그 멀리에서 저

42 1990년대 초 〈깨끗한 손〉 운동이 이탈리아의 정치계에 파문을 던지자, 부패와 비리 방지를 위해 당시의 법무부 장관 알프레도 비온디 Afredo Biondi가 의회에 제출한 법령을 가리킨다.

는 그 신문들이 말하지 않은 것은 결과적으로 그다지 중요하지 않다는 것을 깨달았습니다.

피지 방식의 길을 따른다는 것은 물론 신문의 경우 판매 부수의 엄청난 격감을 암시합니다. 아마 마치 환율 회보를 읽는 사람과 같은 엘리트를 위한 회보가 될 것입니다. 왜냐하면 핵심적으로 제공된 뉴스의 무게를 이해하기 위해서는 훈련된 눈이 필요하기 때문이지요. 그런데 그것은 신문의 비판 기능을 상실함으로써 정치 생활에서도 손실이 될 것입니다. 피상적인 정치가들은 여기에서 텔레비전만으로 충분할 것이라고 생각할 수도 있습니다. 그러나 텔레비전은 모든 공연 형식과 마찬가지로 소멸됩니다. 판파니[43]는 닐라 피치[44]보다 더 오래 살아남았지요. 정치 계급은 오로지 신문과의 관계만이 허용할 수 있는 광범위하고 평온하고 사려 깊은 대비를 통해서도 역시 성장하고 성숙해집니다. 동시에 정치 계급은 완전히 주간지화하고 텔레비전처럼 평탄해진 일간 신문에 의해 모든 것을 잃게 될(단지 금세 사라질 몇몇 불행한 이익만을 움켜잡은 채) 첫 번째 계급이기도 합니다.

43 Amintore Fanfani(1908~1999). 네 차례에 걸쳐 내각의 수상을 역임하고 세 차례에 걸쳐 상원 의장직을 수행한 기민당 출신의 정치가.

44 Nilla Pizzi(1919~). 본명은 Adonilla Negrini Pizzi. 이탈리아의 대중 가수. 1951년과 1952년에 산레모 가요제에서 입상하였으며, 〈칸초네의 여왕〉이라는 칭호와 함께 세계적인 인기를 누렸다.

또 다른 길은 제가 〈확산된 관심〉이라 정의한 길일 것입니다. 즉 일간 신문이 버라이어티 주간지가 되기를 거부하고, 세상에서 일어나는 모든 일에 대한 뉴스들의 엄격하고도 신빙성 있는 원천이 되는 것이지요. 그러면 단순하게 어제 제3세계에서 일어난 쿠데타에 대해서만 말하지 않고, 그 나라의 사건들에 지속적인 관심을 기울임으로써, 미래의 사실들이 아직 잠복기에 있을 때에도, 독자에게 무엇 때문에(그리고 비록 국내적 관심일지라도 어떤 경제적 또는 정치적 관심 때문에) 그곳에서 일어나는 일에 관심을 기울여야 하는가 설명할 수 있을 것입니다. 하지만 이런 유형의 일간 신문은 독자에 대한 오랜 훈련을 요구합니다. 오늘날 이탈리아에서는 일간 신문이 고유의 독자들을 훈련시키기도 전에 그 독자들을 잃어버릴 것입니다. 심지어 「뉴욕 타임스」도 훈련된 독자들을 갖고 있고 또 뉴욕에서 실질적인 독점 체제로 운영되고 있으면서도, 좀 더 가볍고 지극히 다채로운 「유에스 투데이」에 독자들을 빼앗기고 있습니다.

하지만 다른 일이 일어날 수도 있습니다. 정보 통신 기술과 대화식*interattivo* 텔레비전의 발전으로 곧 우리 각자가 집 안에서 원격 조정기로 수많은 원천들에서 뉴스를 선택하여 자신만의 핵심적인 일간 신문을 편집하고 심지어 인쇄할 수도 있을 것입니다. 일간 신문이 사라질 수도 있습니다 — 비록 보다 낮은 가격으로 정보를 판매할 수 있는 신문 편집자들은 사라지지 않을지라도 말입니다. 그러나 집에서 만든 신문은 단지 사용자가 이미 관심을 가진 것만을 말해 줄 것이며, 따라서 그의 관심을 자극할 수도 있는 정보들, 판단들, 경고들의 흐름으로부터 그를 이질화시킬 수도 있습니다. 즉 신문의 나머지 부분을 들춰 봄으로써 바라지 않거나 예상치 않은 뉴스를 얻을 가능성을 박탈할 것입니다. 그렇게 되면 언제 어디에서 뉴스를 찾아야 할지 알고 있는 지극히 정보화된 사용자들의 엘리트가 존재할 것이며, 반면 정보의 하위 프롤레타리아 대중, 즉 자기 고장에서 머리 둘 달린 송아지가 태어난 것을 아는 데에 만족하고, 나머지 세상에 대해서는 전혀 모르는 집단이 존재할 것입니다. 이것은 뉴욕, 샌프란시스코, 로스앤젤레스, 워싱턴, 보스턴 이외의 지역에서 발행되는 미국의 신문들에서 이미 일어나고 있는 현상입니다.

이 경우 역시 단지 텔레비전에 의존해야 하는 정치가들에게는 손해입니다. 선거인들이 단지 순간순간의 방송에 따른 순간적인 감흥에 반응하는 만장일치의 공화국 체제가 나타날 것이기 때문입니다. 어떤 사람에게는 이것이 이상적인 상황처럼 보일 수도 있습니다. 하지만 그럴 경우 정치인 개개인이 아니라 집단 그 자체 또는 운동이 패션 모델처럼 짧은 생명을 갖게 될 것입니다.

사실 미래의 인터넷이 앞에 펼쳐져 있으며, 앨 고어 Al Gore 같은 정치인들은 오래전에 그것을 깨닫고 있었습니다. 정보는 무수한 자율적 채널들을 통해 확산되고, 그 체계는 머리가 없고*acefalo* 통제할 수 없습니다. 각자 다른 사람들과 토론하고, 실시간의 여론 조사에 감정적으로 반응할 뿐만 아니라, 조금씩 발견하는 아주 심오한 메시지들까지 오래 숙고하고, 의회의 논박이나 신문의 낡은 논쟁 같은 것을 넘어서는 토론과 관계들을 이끌어 갈 수 있습니다.

하지만 최소한 상당한 기간 다음과 같은 상황이 유지될 것입니다. (1)정보 통신 네트워크는 교양 있는 젊은 엘리트를 위한 도구이지, 가톨릭 가정주부[45]나, 〈공산주의 재건당〉[46]이 관심을 기울이는 소외자, 〈좌파 민주당〉이 호소하는 연금 수혜자, 폴로[47] 진영에 우호적인 부르주아 부인을 위한 도구는 아닙니다. 농담입니다. 여러분

45 기민당을 지지하는 가정주부를 가리킨다. 여기에서 에코는 이탈리아의 각 정당을 지지하는 사람들을 농담조로 인용하고 있다.

46 Partito della Rifondazione Comunista. 1991년 기존의 이탈리아 공산당이 〈좌파 민주당〉으로 바뀌면서 전통적인 공산주의 유산을 옹호하는 소수파에 의해 창당되었다.

47 Polo. 1994년 선거에서 형성된 중도 우파의 연합 전선을 지칭하는데, 여기에는 〈전진 이탈리아〉, 〈북부 연맹〉, 〈국민 연합〉 등의 정당이 참여하였다.

을 위협하는 농담이지요. 하지만 여기에는 약간의 진실이 있습니다. 정보 통신 네트워크는 현재로서는, 여러분과 여러분의 전통적인 선거인들이 아니라, 월 스트리트의 여피들과 특권적 관계를 형성하게 될 저의 학생들에게 힘을 줄 수 있습니다. (2)이 네트워크가 언제까지나 머리가 없고, 위로부터의 모든 통제에서 벗어난 상태로 남아 있을 것이라고 말하지는 않았습니다. 우리는 이미 그런 상황에 처해 있고, 내일이라도 어떤 빅 브라더가 접근 채널들을 통제할 수 있으며, 그렇게 되면 〈대등한 조건〉에 관한 논쟁은 이미 끝난 것이지요. (3)이 네트워크들이 허용하는 엄청난 분량의 정보는 과도한 검열을 초래할 수도 있습니다. 실제로 지난 일요일의 「뉴욕 타임스」는 〈인쇄하기에 적합한 모든 뉴스들〉[48]을 싣고 있는데, 그것은 스탈린 시대의 「프라우다」와 크게 다르지 않습니다. 왜냐하면 — 그것들을 모두 일주일 안에 읽는다는 것은 불가능하므로 — 마치 그 뉴스들이 검열된 것과 마찬가지이기 때문입니다. 정보의 과잉은 심각한 손실의 우발적 기준이나, 아니면 또다시 잘 훈련된 엘리트에게만 허용된 신중한 선택으로 인도합니다.

그러면 어떻게 결론을 내릴까요? 저로서는 신문, 즉

48 *all the news that's fit to print*. 「뉴욕 타임스」의 사시(社是).

원할 경우 가판대에서 구입하는 종이로 만들어진 일간지와 주간지라는 전통적 의미에서의 신문은 아직도 근본적인 기능을 갖고 있다고 생각합니다. 그것은 단지 한 나라의 시민적 성장을 위한 것일 뿐만 아니라, 헤겔에 따르자면 신문 읽기는 근대인의 아침 기도로 간주될 정도로 이미 몇 세기 전부터 습관화된 우리의 즐거움과 만족감을 위한 것이기도 합니다.

하지만 오늘날의 상황에서 이탈리아 신문은 자체의 칼럼들 안에서 스스로 의식하고 있는 불안감을 드러내고 있으며, 거기에서 어떻게 빠져나와야 할지 모르고 있습니다. 앞에서 보았듯이 그 대안들은 시도하기 어렵기 때문에, 느린 변화를 시작해야 할 필요가 있습니다. 또한 그 변화에 정치 세계는 무관심할 수 없습니다. 앞에서 살펴본 이유들로 인해, 신문에 주간지화 과정을 완전히 없애라고 요구할 수는 없습니다. 또한 단지 관청의 소문들이나 경솔한 표현들만 실으라고 부추길 수도 없습니다. 왜냐하면 붕괴의 위험은 서로에게 공통적이기 때문입니다.

우선 정치가가 〈우리는 기꺼이 받아들이고 또 기꺼이 공개합니다〉라는 약호처럼 보이는 기사를 신문들에 보내는 일이 자주 발생합니다. 좋습니다. 그것은 재고찰에 기여하고 또한 자신의 선언에 대해 책임을 지는 하나의 방법입니다. 정치가에게 모든 인터뷰에 응하고, 따옴표 안의 자기 말에 대해 서명하라고 요구해 보십시오. 분명히 그는 신문에 덜 등장하게 될 테지만, 등장할 때마다 진지하게 받아들일 것입니다. 여기에서 신문들도 이익을 얻을 것입니다. 여기저기 카페에서 억지로 이끌어 낸 우스갯소리들이나 싣는 운명에 처하지 않게 될 테니까요. 그러면 신문은 그 공백들을 어떻게 채울까요? 아마도 다른 뉴스들을 찾아야겠지요. 하원 의사당과 상원 의사당 사이의 협소한 구역 — 수십 억의 사람들에게는 전혀 아무런 중요성도 없는 — 이 아닌 세계의 다른 곳에서 말입니다. 오히려 그 수십 억의 사람들에 관한 일이 우리에게 중요해야 하며, 또한 그것에 대해 신문은 더 많은 것을 말해야 합니다. 단지 수많은 우리 국민들이 그들과 함께 무엇인가를 세우고 있기 때문만이 아니라, 그들의 성장 또는 그들의 위기에 바로 우리 사회의 미래가 달려 있기 때문이기도 합니다.

이것은 신문이나 정치 세계 모두에게 권하는 것입니다. 더 많이 세계를 바라보고, 거울은 보다 덜 바라보라는 권유이지요.

전쟁에 대한 한 생각

이 글에서는 전쟁에 대해 말하고자 합니다. 대문자로 시작되는 〈전쟁〉, 현대 세계에서 나타나는 형태 그대로의 전쟁, 국가들의 분명한 동의에 의해 싸우는 〈뜨거운〉 전쟁에 대해서 말입니다. 이 글이 편집부에 전달될 때는 연합군이 쿠웨이트 시에 진입했을 것이므로, 아마도 — 만약 상황의 반전이 없다면 — 걸프전이 처음 시작된 목적에 맞는 만족스러운 결과를 얻었다고 모두들 생각할 무렵에 읽게 될 것입니다. 그럴 경우 전쟁의 불가능성이나 무익함에 대해 말하는 것은 모순처럼 보이겠지요. 예상된 결과를 얻게 해준 임무가 무익하거나 불가능하다고 생각할 사람은 아무도 없을 테니까요. 그럼에도 불구하고, 상황이 어떻게 전개되든, 다음의 고찰은 가치가 〈있어야 합니다.〉 아니, 전쟁이 〈유리한〉 결과를 얻도록 해주었을 경우에 더욱더 가치가 있어야 합니다. 어떤 경우에는 아직도 전쟁이 하나의 합리적인 가능성이라고 모두에게 설득시킬 수 있기 때문이지요. 하지만 여전히 전쟁을 부정하는 것이 우리의 의무입니다.

걸프전 초기부터 다양한 호소들을 듣거나 읽을 수 있었는데, 이것들의 대다수는 〈지식인들〉이 이 극적인 상황에 대해 타당한 입장을 취하지 않는다고 비난하는 것들이었습니다. 그렇게 말하거나 쓰는 대다수의 목소리는 대개 지식인들에 의한 것이었고, 따라서 말하기를 요구받는 침묵하는 소수가 누구인지 질문하게 됩니다. 분명 그들은 문제의 두 입장 중 하나를 선택함으로써 〈올바른〉 방식으로 자신을 밝히지 않은 사람들입니다. 그 증거로 날이 갈수록, 만약 누군가가 상대방의 기대에 어긋나는 말을 꺼내기만 하면, 친자본주의적 전쟁 옹호자이건 친아랍계의 평화주의자이건 상관없이, 그는 배반자 지식인으로 낙인이 찍혔습니다.

또한 다수 목소리의 내부에서는 대중 매체의 대립으로 인해 각자 상대방의 비난을 받아 마땅해 보였습니다. 싸움의 불가피성과 필연성을 지지하는 사람들은 구시대적 개입주의자들처럼 보였고, 평화주의자들, 그러니까 대부분 지난 수십 년 동안의 의례적인 말과 슬로건에서 벗어나지 못하는 평화주의자들은 매번 한쪽의 호전성을 보상하기 위해 다른 한쪽의 굴복을 원한다는 비난을 받을 만하였습니다. 마치 액막이 의식처럼, 전쟁을 지지하는 사람은 전쟁이 얼마나 잔인한가 주장하면서 말을 시작하였고, 반대하는 사람은 사담 후세인이 얼마나 잔인한가 주장하면서 시작하였지요.

이 각각의 경우에서 우리는 분명 전문적 지식인들 사이의 논쟁을 목격하였을 뿐, 지식인의 기능을 수행하는 것을 목격한 것은 아닙니다. 잘 아시다시피 지식인의 범주는 매우 다양합니다. 반면 〈지식인의 기능〉을 정의한다는 것은 전혀 다르지요. 지식인의 기능이란 자기 고유의 진리관에 만족스럽게 접근한다고 생각되는 것을 비판적으로 구별해 내는 데 있습니다. 따라서 그것은 누구에 의해서도 수행될 수 있습니다. 가령 자신의 상황에 대해 되돌아보고 또 어떤 방식으로든 그것을 표현하는 소외자(疏外者)에 의해서도 수행될 수 있습니다. 반면 성찰 없이 열정에 사로잡혀 사건들에 반응하는 작가에 의해서는 배반될 수도 있습니다.

그렇기 때문에 비토리니[1]는 말했습니다, 지식인은 혁

1 Elio Vittorini(1908~1966). 이탈리아 시칠리아 섬 출신의 소설가이자 평론가. 파시즘 치하에서 공산당에 가입하여 반파시스트 활동을 전개하였고, 제2차 세계 대전 후에는 좌파 지식인들을 중심으로 이탈리아 문화계에 네오레알리스모*neorealismo* 운동을 이끌었다. 대표작으로는 고도로 함축적이고 서정적인 소설 『시칠리아에서의 대화*Conversazione*

명의 피리를 불지 말아야 한다고 말입니다. 선택(개인으로서 할 수도 있는)의 책임을 피하기 위해서가 아니라, 행동의 순간은 모호함과 애매함을 피할 것을 요구하기 때문입니다(그리고 그것은 모든 제도에서 대체할 수 없는 〈결정권자*decision maker*〉의 기능이지요). 반면에 지식인의 기능은 모호한 것들을 파헤치고 명백히 밝히는 데 있습니다. 지식인의 첫째 의무는 자신의 길동무들을 비판하는 것입니다(〈생각한다〉는 것은 〈말하는 귀뚜라미〉[2]의 역할을 수행하는 것이지요). 지식인이 침묵을 선택할 수도 있습니다. 자신과 동일시하는 사람들을 배반할까 염려하기 때문에, 또한 그들의 우발적인 실수들 너머에서 그들도 결국 모두를 위한 최대한의 선을 추구한다고 생각하기 때문에 그럴 수도 있습니다. 비극적인 선택이지요. 역사는 그런 선택들로 가득 차 있고, 그로 인해 어떤 사람은 자기가 믿지 않는 싸움 속에서 차라리 죽음을 선택하기도 했습니다. 신의를 진리와 바꿀 수 없다고 생각했기 때문이지요. 하지만 신의는 도덕적 범주이고, 진리는 이론적 범주입니다.

in Sicilia』가 있다.

2 카를로 콜로디Carlo Collodi(1826~1890)의 유명한 아동 소설 『피노키오의 모험*La adventure di Pinocchio*』에 나오는 〈말하는 귀뚜라미*Grillo Parlante*〉는 양심의 상징으로 간주된다.

지식인의 기능이 도덕과 별개라는 말이 아닙니다. 지식인의 기능을 수행하기로 결정하는 것은 도덕적 선택입니다. 외과 의사가 생명을 구하기 위해 살아 있는 육체를 절개하기로 결정하는 것이 도덕적 선택인 것과 마찬가지이지요. 하지만 절개하는 순간 외과 의사는 동요하지 말아야 합니다. 심지어 수술을 계속할 필요가 없기 때문에 다시 봉합하기로 결정할 때에도 그렇습니다. 지식인의 기능은 정서적으로는 견딜 수 없는 결과를 가져올 수도 있습니다. 〈왜냐하면 때로는 어떤 문제는 해결책이 없다는 것을 보여 주면서 해결해야 하기 때문입니다.〉 자신의 결론을 표현하는 것 — 또는 침묵하는 것 (아마도 그 결론이 실수이기를 바라면서) — 은 도덕적 선택입니다. 그것은 단 한순간이라도 〈인류의 기능인〉의 임무를 떠맡는 사람의 드라마이지요.

교황의 입장, 그러니까 전쟁을 해서는 안 된다고 말하고 기도하고 사건의 복잡함에 비해 미약해 보이는 보상책을 제시한 교황의 입장에 대하여 심지어 가톨릭 측에서도 많은 냉소를 보내기도 하였습니다. 그것을 정당화하기 위해 친구나 적들은 모두 불쌍한 교황이 다른 할 말이 없기 때문에 단지 자신의 직분만 수행하고 있다고 결론을 내렸지요. 교황은 (진리에 관한 자기 고유의 관점에서는) 지식인의 기능을 수행하였고, 전쟁을 해서는 안 된다고 말했습니다. 교황은, 만약 우리가 복음을 끝까지 철저하게 실행하고자 한다면, 다른 뺨도 내밀어야 한다고 말해야만 합니다. 하지만 만약 누군가 나를 죽이려고 한다면 나는 어떻게 해야 할까요? 〈당신이 알아서 하십시오, 그것은 당신 일이니까요〉라고 교황은 말해야 〈할〉 것입니다 — 나중에야 정당방위에 관한 결의론(決疑論, *casuistica*)이 개입하여 인간의 나약함을 보상해 줄 것입니다. 그 나약함으로 인해 누구도 덕성을 영웅적으로 수행하도록 강요되지 않습니다. 이런 입장은 너무나 완전무결해서, 만약 교황이 어떤 실천적 지시처럼 이해될 수도 있는 다른 말을 덧붙인다면, 그것은 고유한 지식인의 기능을 버리고 정치적 선택을 하는 것이 됩니다(그리고 그것은 본인의 일이지요).

만약 그렇다면 지식인들의 공동체는 45년 전부터 전쟁 문제에 대해 침묵하지 않았다고 말해야 합니다. 그들은 전쟁에 대해 말했으며, 세상이 전쟁을 바라보는 방식을 근본적으로 바꾸었을 정도로 참여적인 사명감으로 말했습니다. 이번 경우처럼 사람들이 현재 일어나고 있는 사태에 대해 공포와 모호함을 강하게 느낀 적은 없었습니다. 몇몇 정신 나간 사람들을 제외하고는 누구도 흑백의 뚜렷한 생각을 갖지 못했습니다. 그런데도 여전히 전쟁이 터졌다는 사실은 지식인들의 논의가 완전한 성공을 거두지 못했고, 그것만으로는 충분하지 못했으며, 충분한 역사적 공간을 마련하지 못했다는 증거입니다. 하지만 이것은 우연입니다. 오늘날의 세계는 20세기 초에 전쟁을 바라보던 시선과는 다른 시선으로 전쟁을 바라보고 있습니다. 만약 오늘날 누군가 세상의 유일한 위생 대책으로서 전쟁의 아름다움[3]에 대해 말한다면, 아마도 그는 문학사에 포함되지 않고 정신분석학의 역사에 포함될 것입니다. 명예의 범죄 또는 동해(同害) 처벌법[4]에서 일어나는 일이 전쟁에서도 일어나고 있습니다. 이제는 아무도 그러한 것을 실행하지 않는다는 말이 아니라, 인류 공동체가 전에는 그것을 선으로 평가했지만 지금은 악으로 평가한다는 말입니다.

그러나 이것은 여전히 도덕적이고 감정적인 반응이 될 것입니다(때로는 도덕 그 자체가 살인 금지에 예외들을 허용할 수도 있습니다. 집단적 감수성이 더 큰 선을 보장하는 희생과 공포를 허용하는 것과 마찬가지이지요). 이와는 달리 내적인 일관성과 함께 순수하게 형식

3 이탈리아의 작가 마리네티F. T. Marinetti(1876~1944)는 1909년 2월 20일 자 「피가로Le Figaro」지에 〈미래주의 선언〉을 발표하였는데, 거기에서 전쟁을 〈세상의 유일한 위생 대책〉으로 찬양하였다.

4 영어로는 *talion*. 주로 이슬람 세계에서 행해지는 처벌 방법으로서 〈눈에는 눈, 이에는 이〉라는 표현이 말하듯, 피해자의 손해와 동일한 손해를 가해자에게 입힌다.

적인 관점에서, 좀 더 급진적으로 전쟁에 대해 생각하는 방법이 있습니다. 가령 전쟁의 불가능성에 대한 조건들을 고찰함으로써, 전쟁을 할 수 없다고 결론을 내리는 방식입니다. 새로운 전쟁 테크놀로지의 성격과 연결된, 순간적인 정보와 신속한 수송, 끊임없는 대륙 간 이민 사회의 존재는 전쟁을 불가능하고 비합리적인 것으로 만들었기 때문입니다. 전쟁은 전쟁을 벌이게 되는 이유 그 자체와 모순됩니다.

지난 세기에서 전쟁의 목적은 무엇이었습니까? 적을 패배시키기 위해 전쟁을 벌였지요. 바로 적의 패배로부터 이익을 취하기 위해, 그리고 우리의 의도 — 일정한 결과를 얻기 위해 일정한 방식으로 행동하려는 의도 — 가 전술적으로나 전략적으로 실현됨으로써 적의 의도를 불가능하게 만들기 위해서였습니다. 또한 그런 목적을 위해 활용 가능한 모든 힘들을 전쟁터에 쏟아 부을 수 있어야만 했습니다. 마지막으로 전쟁 게임은 우리와 적 사이에서 이루어지는 것이었습니다. 다른 사람들의 중립성, 우리의 전쟁이 그들을 방해하지 않는다는(그리고 어느 정도는 그들에게 이익을 얻도록 해준다는) 사실은 우리의 자유로운 전략에 필수 조건이었습니다. 클라우제비츠Clausewitz의 〈절대적 전쟁〉조차 이러한 제약을 벗어나지는 않았습니다.

20세기에 들어와서야 〈세계 대전〉의 개념이 탄생하였는데, 그것은 폴리네시아의 원주민 종족들처럼 역사도 없는 사회까지 연루시킬 정도였지요. 핵 에너지, 텔레비전, 항공 운송 수단들의 발전과 함께 그리고 다양한 형태의 다국적 자본주의의 탄생과 함께 다음과 같은 전쟁 불가능의 몇몇 조건들이 검증되었습니다.

1. 핵무기의 발명과 함께 핵전쟁에서는 승리자가 없고, 유일한 패배자는 바로 지구가 될 것이라고 확신하게 되었습니다. 하지만 무엇보다도 핵전쟁은 반생태적이라는 점을 고려한다면, 모든 반생태적 전쟁은 핵전쟁이며, 결국 이제 모든 전쟁은 반생태적이지 않을 수 없다고 확신하게 될 것입니다. 원자탄을 투하하는 자는(또는 바다를 오염시키는 자는) 단지 중립 국가들뿐만 아니라 지구 전체에 대해 전쟁을 선포하는 셈이 됩니다.

2. 이제 전쟁은 더 이상 분리된 두 전선 사이에서 벌어지지 않습니다. 바그다드 시에 있는 미국 기자들의 분노는, 반(反)이라크 연합국들에 살고 있는 친이라크계 수천만 이슬람교도들의 훨씬 규모가 큰 분노와 동일합니다. 과거의 전쟁에서는 잠재적 적들은 억류되었고(또는 학살당하였고), 적의 영토 안에서 적의 주장에 동조한 동포는 전쟁이 끝난 다음 교수형을 당했습니다. 그런데 이제는 다국적 자본주의의 성격 그 자체로 인해 전쟁

은 더 이상 전면적인 것이 될 수 없습니다. 이라크가 서방의 산업들에 의해 무장되었다는 것은 우연이 아닙니다. 바로 성숙한 자본주의의 논리 속에서는 개별 국가들의 통제에서 벗어날 수 있지요. 만약 미국 정부가 텔레비전 방송사들이 적의 편을 든다고 생각한다면, 아직도 친공산주의적 지식인들의 음모에 직면해 있다고 믿는 셈입니다. 이와는 정반대의 입장에서 텔레비전 방송사들은 험프리 보가트 같은 영웅적 인물을 구현한다는 환상에 젖어 있습니다. 추악한 갱에게 전화로 윤전기의 소음을 들려주면서 〈이봐, 친구, 신문일세. 자넨 이걸 멈출 수 없을 거야〉 하고 말하는 영웅을 말입니다. 하지만 극적인 뉴스들을 판매하는 것은 바로 뉴스 산업의 논리 속에서입니다. 대중 매체들이 전쟁의 피리를 부는 것을 거부한다는 말이 아닙니다. 매체들은 단지 미리 원통에 새겨진 음악을 연주하는 자동 피아노에 불과합니다. 따라서 오늘날에는 전쟁에서 누구든지 자기 등 뒤에 적을 갖고 있습니다. 그것은 제아무리 클라우제비츠라 해도 인정할 수 없었던 것입니다.

3. 혹시 매체들의 입에 재갈을 물릴 수 있다고 하더라도, 새로운 커뮤니케이션 기술로 인해 정보의 흐름을 막을 수는 없습니다 — 독재자도 그것들을 차단시킬 수는 없습니다. 그것들은 독재자 자신조차 거부할 수 없는 최

소한의 기술적 인프라 구조들을 활용하기 때문입니다. 이러한 정보의 흐름은 전통적 전쟁에서는 기밀 부서들이 수행하던 기능을 수행하지요. 즉 모든 기습 작전을 무력화시킵니다. 적을 기습할 수 없는 전쟁은 없습니다. 전쟁은 일반화된 적과의 내통을 가능하게 합니다. 하지만 정보는 그 이상의 역할을 합니다. 그것은 끊임없이 적의 목소리를 전하고(반면 모든 전쟁 정책의 목적은 적의 선전을 차단하는 것입니다), 자기 정부에 대한 국민들의 사기를 떨어뜨립니다(반면 클라우제비츠에 의하면 승리의 조건은 모든 전투원의 일관된 사기입니다). 과거의 모든 전쟁은 국민들이 그 전쟁을 정당하다고 믿음으로써 적을 파멸시키고자 열망한다는 원칙에 기반을 두었지요. 하지만 이제는 정보가 국민의 믿음을 뒤흔들 뿐 아니라, 적의 죽음 앞에서 마음이 약해지도록 만들기도 합니다 — 이제 그것은 멀리 떨어져 있고 불확실한 것이 아니라, 바로 눈앞에 보이는 견딜 수 없는 증거입니다.

4. 이 모든 것은, 푸코를 상기하자면, 권력은 이제 더 이상 단일하거나 획일적인 것이 아니라, 분산되고 파편화되어 있으며, 동의들의 끊임없는 이합과 집산으로 이루어져 있다는 사실과 상호 관련되어 있습니다. 이제 전쟁은 더 이상 두 개의 조국을 충돌시키지 않고 무수하게 많은 권력들을 경쟁시킵니다. 이러한 게임에서는

개별적 권력 중심들이 이득을 취하면서, 다른 권력 중심들에게 손해를 끼칩니다. 옛날의 전쟁은 대포 상인들을 부자로 만들고, 그 이익이 이차적으로 정체되어 있는 다른 몇몇 상업적 교환이 가능하게 만들었습니다. 그런데 새로운 전쟁은 만약 대포 상인들을 부자로 만들면, 항공 운송 산업이나 여가와 관광 산업 그리고 매체 산업(상업 광고를 상실하지요)을 위기에 빠뜨리며(그것도 지구 전체에), 건설 시장에서 자동차에 이르기까지 전반적인 모든 잉여 산업 — 체계의 뼈대 — 을 위기에 처하게 만듭니다. 진행 중인 전쟁 뉴스에 주식 시장은 급등하였고, 한 달 후 평화의 최초 징후에도 또다시 급등하였습니다. 처음의 경우 어떤 〈냉소〉가 있는 것도 아니고, 두 번째의 경우 어떤 미덕이 있는 것도 아닙니다. 주식 시장은 권력 게임의 동요를 반영합니다. 전쟁에서는 몇몇 경제적 권력이 다른 권력들과 경쟁하게 되며, 그들의 싸움의 논리는 국가적 힘의 논리를 넘어섭니다. 국가적인 소비 산업(가령 무기 같은)이 긴장을 필요로 한다면, 개인적인 소비 산업은 행복을 필요로 하지요. 싸움은 경제적 관계들 속에서 이루어집니다.

5. 이러한 이유들 그리고 또 다른 이유들로 인해, 전쟁은 더 이상 옛날의 전쟁들처럼 〈직렬적*seriale*〉 첩보 체계와 유사한 것이 아니라 〈병렬적*parallelo*〉 첩보 체

계와 유사합니다. 가령 몇몇 정보 자료들에서 추론을 도출하거나 번역할 수 있는 기계를 만들기 위해 사용되는 직렬적 첩보 체계는, 프로그래머에 의해 한정된 숫자의 규칙들을 토대로 그 다음의 결정을 취할 수 있도록 지시됩니다. 그리고 그 각각의 결정은 일종의 이원적 분리로 이루어진 나무 구조를 따라 이전의 결정에 대한 평가에 의존하게 되지요. 옛날 전쟁의 전략은 그런 방향으로 진행되었습니다. 만약 적이 부대를 동쪽으로 이동시켰다면, 나는 그들이 다음에는 남쪽으로 나아가고자 한다는 것을 예측해야 합니다. 그럴 경우 동일한 논리에 따라, 나는 그들의 길을 기습 차단하기 위하여 나의 부대를 북동쪽으로 이동시킬 것입니다. 적의 규칙은 바로 우리의 규칙이기도 하였으며, 따라서 마치 체스 게임처럼 각자 그때그때 하나의 결정을 내릴 수 있었습니다.

이와는 반대로 병렬적 체계는, 조작자가 미리 예측하거나 결정할 수 없는 〈무게〉들의 분배에 따른 최종적인 형상화 과정에서, 한 그물의 개별 세포들에게 스스로 적응할 결정권을 맡깁니다. 왜냐하면 그물은 미리 부여받지 않은 규칙들을 발견하고, 해결책을 찾기 위해 스스로 조절되고, 규칙과 자료 사이의 구분을 모르기 때문입니다. 기대했던 반응과 실제 주어진 반응을 대비해 보고, 또한 이후의 실험들을 통해 무게들을 재조정함으로써,

그런 유형의 체계(〈신결합적〉 또는 〈신경 그물형〉 체계로 일컬어지는)를 통제할 수 있는 것은 사실입니다. 하지만 그것은 다음과 같은 것을 요구하지요. 첫째, 조작자가 시간이 있을 것, 둘째, 상호 모순적인 방식으로 무게들을 재분배하는 경쟁적인 두 조작자가 있을 것, 마지막으로, 그물의 개별 세포들이, 조작자로서가 아니라 세포로서 〈사고〉할 것, 말하자면 조작자의 행동에 대하여 추론함으로써 도출되는 결정을 내리지 않을 것, 특히 그물 자체의 논리와 상관없는 관심을 갖지 않을 것입니다. 하지만 파편화된 권력 체계 안에서는 각 세포가 고유의 관심에 따라서, 즉 조작자의 관심도 아니고, 그물의 자기 역동적 경향과 아무런 관계도 없는 관심에 따라서 반응합니다. 결과적으로 만약 — 비록 은유이지만 — 전쟁이 신결합적 체계라면, 그 전쟁은 두 경쟁자의 의지와는 상관없이 전개되고 조정됩니다. 흥미롭게도 아르노 펜지아스[5]는 신경 그물의 작동 방식을 널리 보급시키면서 전쟁의 은유를 사용하고 있습니다.[6] 〈개개의 뉴런들이 자신의 입력선들(《나뭇가지형 돌기들》)을 통해 자

5 Arno Allan Penzias(1933~). 독일계 미국인 천체 물리학자. 1964년 우주의 기원 및 빅뱅 이론을 확인하는 실험에 성공하였으며, 1978년에 윌슨R. W. Wilson과 함께 노벨 물리학상을 수상하였다.

6 *Come vivere in un mondo High-Tech*(Milano: Bompiani, 1989), pp. 107~108 — 원주.

극되었을 때 전기적으로 활성화된다는(《발사한다는》) 것은 이미 알려져 있었다. 《발사》의 순간에 뉴런은 일련의 출력선들(《축색 돌기들》)을 따라 전기 신호들을 방출한다……. 각 뉴런의 《발사》는 다른 많은 뉴런들의 활동에 의존하기 때문에, 언제 무엇이 일어날지 계산할 간단한 방법은 전혀 없다. (……) 시냅스들의 특수한 배치에 따라, 1백 개의 뉴런으로 이루어진 신경 그물의 각 시뮬레이션은 고유의 가능한 균형 상태 전체(총계 1,030가지의 절대 가능성들)를 규정하였다.〉

만약 전쟁이 신결합적 체계라면, 그것은 이제 더 이상 주인공들의 의도와 계산이 가치를 갖는 현상이 아닙니다. 개입된 권력들의 증가로 인해 전쟁은 예측할 수 없는 무게들의 균형에 따라 분배되지요. 결과적으로 전쟁이 끝나고 최종적인 균형은 당사자들 중 하나에게만 유리할 수도 있지만, 원칙상으로는 모든 결정적 계산을 거부하기 때문에 그것은 양쪽 모두에게 패배가 됩니다. 우리의 은유로 말하자면, 모순적인 충동들을 받아들이는 그물을 통제하기 위한 조작자들의 광적인 활동은 결국 그 그물을 폭발하게 만들 것입니다. 전쟁의 개연적 목적은 〈상대방 떨어뜨리기〉입니다. 옛날의 전쟁은 체스 게임에서 각자 적의 말〔馬〕들을 많이 먹으려고 노력할 뿐만 아니라, 무엇보다도(규칙들을 따르는 방법에 대해 숙고하면서) 적을 완전히 패배시키는 것을 목적으로 하는 게임과 같았습니다. 하지만 현대의 전쟁은 양쪽 게임자 모두가(같은 그물 위에서 작업하면서) 같은 색깔의 말들을 먹고 또 움직이는(게임은 흑과 백이 아니라 단일 색깔의 게임입니다) 체스 게임과 같습니다. 그것은 자기 잡아먹기 게임입니다.

다른 한편으로 싸움이 어느 순간에 누군가에게 유리한 것으로 드러났다고 주장하는 것은, 〈어느 순간의〉 유리함을 최종적 유리함과 동일시한다는 것을 암시합니다. 그러나 만약 전쟁이 여전히, 클라우제비츠가 원하였듯이, 다른 수단을 사용하는 정치의 연속이라면, 최종적 순간이 있을 것입니다(따라서 정치로의 복귀를 허용할 만한 균형 상태에 이르렀을 때 전쟁은 끝나겠지요). 그렇지만 우리 시대에 세계 대전 이후의 정치는 전쟁에 의해 부과된 전제들의 지속(모든 수단을 동원한)으로 언제나 남아 있을 것입니다. 어떤 식으로 전개되든, 전쟁은 당사자들의 의지에 충분히 상응할 수 없는 무게들의 일반적 재조정을 유발함으로써, 앞으로 수십 년 동안에 걸쳐 아주 극적인 정치적, 경제적, 심리적 불안정 상태로 이어질 것입니다. 그것은 〈전쟁하는 정치〉를 생산하지 않을 수 없을 것입니다.

정말로 이와는 달리 진행된 적이 있었을까요? 클라우

제비츠가 잘못 판단한 거라고 생각하면 안 될까요? 역사학계에서는 워털루 전투를 두 첩보 사이의 충돌로 재해석하고 있습니다(왜냐하면 그 결과가 있기 때문입니다). 하지만 스탕달은 우연성의 관계에서 해석하였습니다. 고전적 전쟁이 합리적 결과들 — 최종적 균형 — 을 유발한다고 인식하는 것은 헤겔적 편견에서 나온 것입니다. 헤겔의 경우 역사는 방향성을 갖고 있으며, 중재의 결과는 정(正)과 반(反)을 진리로 인정합니다. 포에니 전쟁 후 성립된 지중해의 질서 또는 나폴레옹 전쟁 후 유럽의 질서를 균형과 동일시해야 한다는 과학적(또는 논리적) 증거는 없습니다. 혹시라도 전쟁이 없었다면 검증되지 않았을 균형 상태와 동일시될 수는 있을 것입니다. 인류가 수천 년 동안 균형 상태의 해결책으로 전쟁을 수행하였다는 사실은, 같은 기간 인류가 알코올 또는 똑같이 황폐한 효과를 가진 물질들에 의존함으로써 심리적 불균형을 해결하기로 결정했다는 사실 이상으로 설득력을 갖지 못합니다.

여기에서 터부의 주제가 개입합니다. 모라비아[7]가 이미 암시하였듯이, 인류는 여러 세기가 지난 다음에야 가까운 동족 사이의 결혼이 부정적인 결과를 가져온다는

7 Alberto Moravia(1907~1990). 현대 이탈리아의 대표적인 소설가. 주로 현대인들의 병리적 현상들을 소설화하였다.

것을 고려했기 때문에 근친상간의 터부를 만들기로 결정한 것을 보면, 이제 인류가 전쟁을 터부로 선언해야 할 본능적 필요성을 느끼는 시점에 도달했을 수도 있습니다. 터부는 도덕적이거나 지성적인 결정으로 〈선언〉되는 것이 아니라, 수천 년에 걸친 집단적 의식의 어두운 구석에서 형성된다고(신경 그물이 종국에는 저절로 균형 상태에 도달할 수 있는 것과 같은 이유로) 말하기도 하였습니다. 물론입니다. 터부는 선언하는 것이 아니라 저절로 선언됩니다. 하지만 성장 시기의 가속화가 있습니다. 자기 어머니나 누이와 결합함으로써 집단들 사이의 교환이 차단되었다는 것을 깨닫는 데에는 수천 년의 세월이 필요했습니다 — 마찬가지로 인류가 성행위와 임신 사이의 인과 관계를 확인하기까지는 많은 시간이 필요했을 것으로 보입니다. 하지만 전쟁과 함께 항공회사들이 문을 닫는다는 것을 깨닫는 데에는 단지 두 주일이면 충분합니다. 그러므로 누구도 성숙 시기를 확정하여 선언할 권리를 갖지 않는 터부의 필요성을 알리는 것은 상식이나 지성의 의무에 어긋나지 않습니다.

전쟁의 불가능성을 선언하는 것은 지성의 의무입니다. 비록 다른 해결 방안이 있더라도 그렇습니다. 하지만 그것은 기껏해야 우리 시대는 전쟁에 대한 하나의 〈탁월한〉 대안, 즉 〈냉전〉을 알고 있다는 것을 상기시키는 것이겠지요. 그것은 공포, 불의, 편협함, 국소적 싸움, 확산된 테러의 시기였지만, 역사는 결국 그것이 매우 인간적이고 비교적 온화한 해결책이었으며, 승리자도 패배자도 없었다는 것을 인정해야 할 것입니다. 하지만 냉전을 선언하는 것은 지식인의 기능에 해당하지 않습니다.

몇몇 사람들에게 전쟁에 대해 지식인들이 침묵하는 것으로 보였던 이유는 아마도 지식인들이 매체들을 통해 뜨거운 목소리로 말하는 것을 두려워하기 때문일 것입니다. 왜냐하면 매체 자체가 전쟁과 그 도구의 역할을 한다는 단순한 이유 때문입니다. 그러므로 그들을 중립지역으로 간주하는 것은 위험합니다. 그 무엇보다도 매체들은 성찰의 템포와는 다른 템포를 갖고 있습니다. 지식인의 기능은 언제나 앞서 수행되거나(앞으로 일어날 수 있는 것에 대해) 또는 뒤늦게 수행됩니다(이미 일어난 것에 대해). 바로 이 리듬 때문에, 현재 일어나고 있는 일에 대해 지식인의 기능이 수행되는 경우는 드물지요. 사건들은 언제나 그 사건들에 대한 성찰보다 더 빠르고 급박하기 때문입니다. 론도의 코시모 피오바스코[8]

8 Cosimo Piovasco di Rondò. 칼비노Italo Calvino(1923~1985)의 소설 『나무 위의 남작*Il barone rampante*』에 나오는 주인공. 그는 귀족 집안의 억압적인 분위기에 대한 저항의 표시로 열세 살의 나이에 정원의 나무 위로 올라간 이후 평생 동안 지상에 발을 딛지 않고 살았다.

는 나무 위에서 살았습니다. 자기 시대를 이해하고 거기에 참여하는 지식인의 의무를 피하기 위해서가 아니라, 바로 더 잘 이해하고 참여하기 위해서였습니다.

그러나 전략적 침묵의 공간을 선택하는 경우에도 전쟁에 대한 성찰은 결국 그 침묵이 큰 목소리로 표명되기를 요구합니다. 바로 침묵의 선언이라는 모순에 대한 의식, 무능 행위의 설득적 힘에 대한 의식, 성찰의 수행은 개인적 책임의 회피가 아니라는 사실에 대한 의식과 함께 말입니다. 하지만 첫째 의무는, 오늘날 전쟁은 모든 인간의 주도권을 없애고, 심지어 전쟁의 명백한 종결(그리고 누군가의 승리) 그 자체가 이미 같은 그물 안에 사로잡힌 〈무게들〉의 자율적 게임을 멈출 수 없다는 것을 말하는 것입니다. 왜냐하면 무게란 〈무거운 만큼 기울어지고, 기우는 만큼 의존하고…… 계속 내려가고 싶어 하며, 따라서 그다음 지점은 매번 유지하는 것보다 더 아래로 내려가기 때문입니다……. 무게는 절대로 설득될 수 없기〉(미켈슈테터)[9] 때문이지요.

이러한 하강은 정당화될 수 없습니다. 왜냐하면 그것은 — 종(種)의 권리들과 관련하여 — 범죄보다 더 나쁘기 때문입니다. 그것은 낭비입니다.

9 Carlo Michelstaedter(1887~1910). 이탈리아의 철학자, 시인. 주로 삶과 죽음 사이의 과장된 이중성과 내면적 갈등을 작품화하였다.

영원한 파시즘

1942년 열 살의 나이에 저는 〈청소년 경연〉(이탈리아의 파시스트 젊은이들 — 그러니까 이탈리아의 모든 청소년들에게 강요된 일종의 자유 참가 경연 대회)에서 1등상을 탔습니다. 저는 수사학적인 기교를 동원하여 〈우리는 무솔리니의 영광과 이탈리아의 불멸의 운명을 위해 죽어야 하는가〉라는 주제에 대해 정성 들여 작문하였지요. 저의 대답은 긍정적이었습니다. 저는 눈치 빠른 소년이었으니까요.

그 후 1943년에 저는 〈자유〉라는 낱말의 의미를 발견하게 되었습니다. 그 이야기는 제 강연의 마지막에 하기로 하지요. 그 당시 〈자유〉는 아직 〈해방〉을 의미하지는 않았습니다.

저는 소년기의 처음 두 해를 독일 나치들, 파시스트들

그리고 파르티잔들[1] 사이에서 보냈습니다. 그들은 서로에게 총을 쏘았고, 저는 총알을 피하는 방법을 배웠습니다. 훈련으로서는 나쁘지 않았지요.

1945년 4월에 파르티잔들은 밀라노를 점령하였습니다. 이틀 뒤 그들은 내가 살던 조그마한 도시에 도착하였습니다. 도시의 주요 광장은 사람들로 가득 차 있었고, 노래를 부르고 깃발을 흔들면서 커다란 목소리로 그 지역의 파르티잔 대장 미모Mimo의 이름을 외쳤습니다. 경찰 지휘관 출신의 미모는 바돌리오[2] 부대와 합류하였고, 초기 전투에서 한쪽 다리를 잃었지요. 그는 목발에 의지한 채 시청의 발코니에 모습을 드러냈습니다. 창백한 표정의 그는 한 손으로 군중들을 진정시키려고 하였지요. 그곳에 있었던 저는 그의 연설을 기다렸습니다. 저의 어린 시절은 온통 무솔리니의 위대한 연설들로 점철되어 있었고, 학교에서는 그 연설의 주요 구절들을 암기하였으니까요. 정적. 미모는 쉰 목소리로 말했고,

1 파시즘 정권의 막바지에 독일군들이 이탈리아에 들어왔고, 이들에 대항하여 무장 투쟁을 벌인 레지스탕스 대원들을 가리킨다.

2 Pietro Badoglio(1871~1956). 이탈리아의 장군이자 정치가. 제1차 세계 대전에 참전하였고 파시즘 정권하에서 요직을 거쳤다. 1943년 무솔리니가 권좌에서 밀려나자 연합군과 정전 협정을 체결하고 국왕과 함께 브린디시로 피신하였으며, 흩어진 그의 군대는 독일의 점령에 대항하여 레지스탕스 활동을 전개하였다.

거의 들리지도 않았습니다. 그는 말했지요. 〈시민, 동지 여러분. 수많은 고통의 희생 뒤에…… 마침내 우리는 이 자리에 섰습니다. 자유를 위해 희생된 자들에게 영광이 있기를.〉 그게 전부였습니다. 그리고 그는 안으로 들어갔습니다. 군중들은 함성을 질렀고, 파르티잔 대원들은 총을 높이 쳐들고 허공에다 신나게 쏘아 댔습니다. 우리 어린아이들은 우르르 몰려들어 탄피들, 그 귀중한 수집품들을 주웠습니다. 하지만 저는 낱말로서의 자유는 또한 수사학적인 자유를 의미한다는 것도 배웠습니다.

며칠 뒤 저는 처음으로 미국 병사들을 보았습니다. 아프리카계 미국인들이었지요. 내가 만난 최초의 양키는 조지프라는 흑인이었는데, 그는 저에게 딕 트레이시와 릴 애브너[3]의 경이로운 세상을 알게 해주었지요. 그의 만화책은 컬러로 되어 있었고 좋은 냄새가 났습니다.

장교들 중 한 사람(머디라는 이름의 소령인지 대위인지 하는 사람이었지요)은 저의 학교 친구 두 명의 가족이 사는 저택의 손님이었습니다. 저는 그 집의 정원을 마치 내 집처럼 드나들었는데, 몇몇 부인들이 대충 프랑스어를 할 줄 아는 머디 대위의 주위를 둘러싸고 있었지요. 머디 대위는 훌륭한 고등 교육을 받았고 약간의 프랑스

3 Dick Tracy와 Li'l Abner는 각각 앨 캡Al Capp과 굴드C. Gould가 1931년과 1935년에 발표한 만화의 제목이자 그 주인공의 이름이다.

어를 알고 있었습니다. 그렇게 수많은 검은 셔츠[4]의 창백한 얼굴들만 보다가, 내가 본 미국 해방자들의 첫 이미지는 *Oui, merci beaucoup Madame, moi aussi j'aime le champagne*……(네, 감사합니다, 부인. 저도 샴페인을 좋아합니다……) 하고 말하는 황록색 제복의 교양 있는 흑인의 모습이었습니다. 불행히도 샴페인이 부족했습니다. 하지만 저는 머디 대위에게서 제 생애 최초의 추잉껌을 얻었고, 하루 종일 씹기 시작했지요. 밤에는 껌을 물컵 안에다 넣어 두었습니다. 다음날까지 신선하게 유지하기 위해서였지요.

5월에 우리는 전쟁이 끝났다는 소식을 들었습니다. 평화는 저에게 흥미로운 느낌을 주었습니다. 그전에는 영원한 전쟁은 이탈리아 청년에게 정상적인 조건이라는 말을 들었으니까요. 몇 달 뒤에야 저는 레지스탕스가 단지 지역적 현상이 아니라 전 유럽적 현상이었다는 것을 깨달았습니다. 또한 저는 지하 조직*réseau*, 조직원*maquis*, 비밀 부대*armée secrète*, 로테 카펠레,[5] 바르샤바의 유대인 구역*ghetto di Varsavia* 같은 자극적인

4 파시스트 당원들의 공식 제복.

5 Rote Kapelle. 〈붉은 오케스트라〉라는 뜻으로 1936년 독일군 중위 슐체-보이젠H. Schulze-Boysen과 경제학자 하르나크A. Harnak가 결성한 좌파 비밀 단체로 1939년에 발각되어 해체되었다.

새로운 단어들을 배웠습니다. 처음으로 유대인 대학살의 사진을 보았고, 그렇게 저는 대학살이라는 단어를 알기 전에 그 의미를 깨달았습니다. 저는 우리가 무엇에서 해방되었는지 깨달았지요.

지금도 이탈리아에는 레지스탕스가 제2차 세계 대전의 흐름에 현실적인 군사적 충격을 주었을까 질문하는 사람들이 있습니다. 하지만 우리 세대에게 그런 질문은 중요하지 않습니다. 우리는 레지스탕스의 도덕적이고 심리적인 의미를 즉각적으로 깨달았으니까요. 우리 유럽인들이 해방을 수동적으로 기다리고 있지만은 않았다는 사실을 아는 것은 자부심을 갖게 하였지요. 우리의 자유를 위해 피를 흘렸던 미국의 젊은이들에게도, 전선의 뒤에서는 유럽인들이 이미 자신의 빚을 지불하고 있었다는 사실을 아는 것은 중요했으리라 생각합니다.

지금도 이탈리아에는 레지스탕스 신화가 공산주의자들의 거짓말이었다고 말하는 사람이 있습니다. 공산주의자들이 레지스탕스에서 핵심 역할을 했기 때문에 그것을 개인 소유물처럼 활용한 것은 사실입니다. 하지만 저는 다른 여러 색깔의 손수건을 두른 파르티잔들을 기억합니다.

저는 라디오에 달라붙은 채 밤을 지새우곤 했습니다 — 창문을 닫으면 완전한 어둠이 라디오 주위의 조그마한 공간을 유일하게 빛나는 후광으로 만들었지요. 〈라디오 런던〉이 파르티잔 대원들에게 보내는 메시지를 들으면서 말입니다. 메시지들은 모호하면서도 동시에 시적이었는데(태양은 아직도 떠오른다, 장미꽃들이 필 것이다), 그 대부분이 〈프랑키를 위한 메시지〉였습니다. 누군가 나에게 귓속말로 말해 주었지요. 프랑키는 북부 이탈리아의 가장 강력한 비밀 단체들 중 하나의 우두머리이고 전설적인 용기를 가진 사람이라고 말입니다. 프랑키는 저의 영웅이었습니다. 프랑키(그의 진짜 이름은 에드가르도 소뇨였습니다)는 왕정 옹호자였고 따라서 반공주의자였으며, 전쟁 후에는 극우 집단들과 연합하였고, 반동적 쿠데타에 협력하였다는 비난을 받기도 했습니다. 하지만 그게 뭐 중요합니까? 소뇨는 아직도 내 소년기의 꿈[6]으로 남아 있습니다. 해방은 다양한 색깔의 사람들에게 공통적인 위업이었습니다.

지금도 이탈리아에서는 해방 전쟁은 비극적인 분리의 시대였다고, 이제 우리는 국민적 재화합이 필요하다고 말하는 사람이 있습니다. 그 무시무시한 시절의 기억을 억누를 필요가 있겠지요. 하지만 억누름은 신경증을 유발합니다. 재화합이 진실로 자신들의 전쟁에서 싸웠던

6 이탈리아어로 소뇨*sogno*는 꿈을 의미한다.

모든 사람들에 대한 존경과 공감을 의미한다면, 용서한다는 것은 잊는다는 것을 의미하지는 않습니다. 저는 아이히만[7]이 진정으로 자신의 임무에 신념을 가졌을 것이라고 인정할 수는 있지만, 〈좋아, 돌아가서 다시 그 일을 해봐〉 하고 말하고 싶지는 않습니다. 우리가 지금 이 자리에 모인 것은, 과거에 일어난 일을 기억하기 위해서이며, 또한 〈그들〉이 더 이상 그런 일을 해서는 안 된다고 엄숙하게 선언하기 위해서입니다.

하지만 〈그들〉은 누구일까요?

만약 아직도 제2차 세계 대전 이전에 유럽을 통치하던 전체주의 정부들을 생각한다면, 지금처럼 상이한 역사적 상황 속에서 그들이 동일한 형태로 다시 복귀하는 것을 보기는 어려울 것이라고 안심하고 말할 수 있습니다. 만약 무솔리니의 파시즘이 토대 삼은 것이, 카리스마적 우두머리의 관념, 협조 조합주의,[8] 〈로마의 숙명적 운명〉의 유토피아, 새로운 땅들을 점령하려는 제국주의적 의지, 과도한 국수주의, 온통 검은 셔츠의 군대처럼 조직

7 Karl Adolf Eichmann(1906～1962). 나치 친위대 장교로 유대인 학살을 조직한 주요 인물로, 1945년 전쟁 후 아르헨티나로 피신하였으나, 1960년 이스라엘 비밀 요원들에게 체포되어 예루살렘으로 이송되었고 교수형을 당하였다.

8 *corporativismo*. 파시즘 시대에 노동자와 사용자들을 통일적 협동체로 조직하였던 정치적 노동조합주의를 가리킨다.

된 국가의 이상, 의회 민주주의의 거부, 반유대주의였다면, 〈이탈리아 사회 운동〉[9]에서 탄생한 〈국민 연합〉[10]은 분명 우파 정당이지만, 옛날의 파시즘과는 별로 관계가 없습니다. 똑같은 이유로 만약 내가 러시아까지 포함하여 유럽 여기저기에서 활동 중인 다양한 친(親)나치 운동들에 대해 염려하고 있다 하더라도, 저는 원래 형태 그대로의 나치즘이 전 국가를 연루시킬 운동으로 다시 나타나려 한다고 생각하지는 않습니다.

어쨌든 비록 정치 체제가 전복될 수 있다 하더라도, 또한 이데올로기가 비판당하고 불법화된다 하더라도, 한 체제와 그 이데올로기 뒤에는 언제나 하나의 사고와 느낌의 방식이 있고, 일련의 문화적 습관들이 있고, 모호한 본능들과 알 수 없는 충동들의 성운이 있습니다. 그러니까 아직도 유럽에(세계의 다른 지역을 제외하자면) 떠도는 다른 유령이 있습니까?

언젠가 이오네스코Ionesco는 〈오직 말이 중요할 뿐

9 Movimento Sociale Italiano(약자로는 MSI). 제2차 세계 대전이 끝난 후에도 여전히 파시즘에 동조하는 사람들이 1946년 결성한 정당으로, 커다란 주목을 받지 못하다가 1990년대에 들어와 서서히 부각되었고, 특히 1994년의 선거에서 〈국민 연합〉의 결성에 결정적으로 기여하였으며 1995년에는 여기에 흡수되었다.

10 Alleanza Nazionale(약자로는 AN). 1994년 선거 때 MSI의 주도로 결성된 정치 집단으로, 당시의 선거에서 많은 지지를 얻어 냄으로써 베를루스코니 내각에 참여하였다.

그 나머지는 잡담들이다〉고 말했습니다. 언어 습관은 종종 표현되지 않은 감정들의 중요한 징조가 되기도 합니다.

그렇다면 무엇 때문에 단지 레지스탕스뿐만 아니라 제2차 세계 대전 전체가 전 세계에서 파시즘에 대항하는 싸움으로 정의되었는가 질문해 봅시다. 만약 헤밍웨이의 『누구를 위하여 종은 울리나』를 다시 읽어 본다면, 여러분은 로버트 조던이 스페인의 팔랑헤[11] 당원들을 생각할 때에도 자신의 적을 파시스트와 동일시하고 있다는 것을 발견할 것입니다.

프랭클린 루스벨트의 말을 인용해 봅시다. 〈미국 국민과 연합국의 승리는 파시즘과 파시즘이 대표하는 맹목적인 전제주의에 대한 승리입니다〉(1944년 9월 23일).

매카시[12]의 시절에는 스페인 내전에 참전하였던 미국인들을 〈조숙한 반파시스트들〉로 불렀습니다. 그것은 1940년대에 히틀러에 대항하여 싸운 것은 선량한 모든

11 Falange. 1933년 스페인의 마드리드에서 결성된 극우적 성향의 정치 조직. 이 조직의 실질적 주인공은 프랑코Francisco B. Franco (1892~1975)로서 그는 강력한 우파 독재 체제를 구축하였다.

12 Joseph Raymond McCarthy(1908~1957). 미국의 정치가. 공화당 상원 의원으로 특히 1950~1953년에 아주 강렬한 반공산주의 캠페인을 벌였다. 그의 이름에서 따온 매카시즘은 극단적 반공주의를 의미한다.

미국인에게는 하나의 의무였지만, 1930년대에 너무 일찍 프랑코에 대항하여 싸운 것은 의혹의 대상이었다는 것을 암시합니다. 무엇 때문에 〈파시스트 돼지〉 같은 표현이 미국의 급진주의자들에 의해 심지어 마리화나에 반대하는 경찰을 가리키는 데 사용되기도 하였을까요? 무엇 때문에 〈카굴 당원[13] 돼지〉, 〈팔랑헤 당원 돼지〉, 〈봉기단원[14] 돼지〉, 〈안테 파벨리치 돼지〉, 〈크비슬링[15] 돼지〉, 〈나치 당원 돼지〉 같은 표현을 쓰지는 않을까요?

『나의 투쟁』[16]은 정치적 프로그램의 완전한 선언서입니다. 나치즘은 인종 차별주의와 아리안족 중심주의의 이론, 퇴락한 예술*entartete Kunst*에 대한 분명한 개념, 힘의 의지와 초인(超人, *übermensch*)의 철학을 갖고 있

13 1932~1940년에 활동한 프랑스의 극우파 조직인 〈비밀 혁명 행동 위원회Comité secret d'action révolutionaire〉의 회원들로, 카굴*cagoule*, 즉 얼굴을 가리는 두건을 썼기 때문에 그렇게 불렸다.

14 크로아티아어로는 *ustasa*. 1929년 안테 파벨리치Ante Pavelić(1889~1959)가 창립한 크로아티아의 극우파 민족주의 조직의 당원을 가리킨다.

15 Vidkun Quisling(1887~1945). 노르웨이의 정치가. 군인 출신으로 1933년에는 친나치 계열의 극우 운동 조직을 결성하였다. 나치의 노르웨이 점령 뒤에는 괴뢰 정부의 수반을 지냈다. 종전 후 체포되어 처형되었다.

16 *Mein Kampf*. 히틀러는 1923년 무장 봉기의 실패와 함께 체포되어 5년형을 선고받고 투옥되었는데, 9개월 남짓한 감옥 생활 동안 자서전적 성격을 띤, 나치 사상을 해설한 이 책을 집필하였다.

었습니다. 나치즘은 단호하게 반기독교적이고 신이교도적이었습니다. 스탈린의 디아마트[17](소비에트 마르크스주의의 공식적 형태)가 명백하게 유물론적이고 무신론적이었던 것과 마찬가지로 말입니다. 만약 전체주의라는 말이, 모든 개인적 행위가 국가 및 국가의 이데올로기에 종속되는 체제를 가리킨다면, 그렇다면 나치즘과 스탈린주의는 전체주의 체제였습니다.

파시즘은 분명 독재였습니다만, 완벽하게 전체주의적이지는 않았습니다. 성격의 온화함 때문이라기보다는 고유 이데올로기의 철학적 빈곤 때문이었지요. 일반적으로 생각하는 것과는 달리, 이탈리아의 파시즘은 고유의 철학을 갖고 있지 않았습니다. 무솔리니의 서명과 함께 트레카니 백과사전[18]에 실린 파시즘 항목은, 조반니 젠틸레[19]가 썼거나 근본적으로 그의 영감에 따른 것이었습니다만, 무솔리니가 전혀 완벽하게 실현하지 못한 〈절대적 윤리 국가〉라는 후기 헤겔의 개념을 반영하고

17 *Diamat*. 〈변증법적 유물론〉의 러시아어 약자로 이루어진 합성어.

18 *Enciclopedia Treccani*. 이탈리아의 대표적인 백과사전.

19 Giovanni Gentile(1875~1944). 크로체B. Croce와 더불어 현대 이탈리아의 대표적인 철학자. 그의 철학은 파시즘의 이론적 배경을 제공하였다. 무솔리니 정권하에서 교육부 장관을 역임하면서 파시즘의 문화 정책에서 핵심 역할을 하였다. 제2차 세계 대전이 막바지에 이르렀을 때 공산주의 행동대원들에게 암살당하였다.

있었습니다. 무솔리니는 어떠한 철학도 갖고 있지 않았으며, 단지 수사학만 갖고 있었을 뿐입니다. 그는 전투적 무신론자로 출발하였지만, 종국에는 교회와의 협약에 서명하였고, 파시스트의 깃발에 축복을 내린 주교들에게는 우호적이었습니다. 그럴듯한 전설에 의하면, 반(反)교회적 초기 시절에 그는 하느님에게 하느님의 존재를 증명하도록 자신에게 벼락을 내려 달라고 요구했습니다. 분명 하느님께서는 다른 데 정신이 팔려 있었던 모양입니다. 이후 무솔리니는 자신의 연설에서 언제나 하느님의 이름을 인용하였으며, 자신을 〈섭리의 인간〉으로 부르는 것을 싫어하지 않았지요. 이탈리아 파시즘은 유럽의 한 국가를 지배한 최초의 우파 독재였습니다. 이후의 유사한 운동들은 모두 무솔리니 체제에서 일종의 공통적 원형을 발견하였지요. 이탈리아의 파시즘은 군대의 전례(典禮), 민속, 심지어 옷 입는 방식까지 창조해 낸 최초의 체제였습니다 — 외국에서 아르마니, 베네통 또는 베르사체보다 더 큰 성공을 거두면서 말입니다. 1930년대에 이르러서야 파시즘 운동은 모즐리[20]와 함께 영국에서 출현하였으며, 독일은 말할 것도 없고 레토니아, 에스토니아, 리투아니아, 폴란드, 헝가리, 루마

20 Sir Oswald Ernald Mosley(1896~1980). 영국의 귀족 출신 정치가. 1932년부터 1940년까지 영국 파시스트 동맹의 지도자였다.

니아, 불가리아, 그리스, 유고슬라비아, 스페인, 포르투갈, 노르웨이 그리고 심지어 라틴 아메리카에도 출현하였지요. 바로 이탈리아 파시즘은 유럽의 자유주의적 지도자들에게, 공산주의의 위협에 대처하여 온건하게 혁명적인 대안을 제시할 수 있는 새로운 체제가 흥미로운 사회 개혁을 실현하고 있다는 확신을 심어 주었던 것입니다.

그러나 역사적으로 앞섰다고 해서 무엇 때문에 〈파시즘〉이라는 단어가 다양한 전체주의적 운동들에 대한 하나의 제유(提喩), 즉 〈전체에 대한 부분*pars pro toto*〉의 이름이 되었는지 설명하기에는 충분하지 않아 보입니다. 파시즘은 뒤이은 전체주의들의 모든 요소를 소위 〈정수(精髓)의 상태로〉 자체 안에 간직하고 있었다고 말하는 것은 아무런 소용이 없습니다. 오히려 반대로 파시즘은 그 어떠한 정수도 갖지 않았으며, 하나의 단일한 본질도 갖고 있지 않았습니다. 파시즘은 일종의 〈퍼지〉[21] 전체주의였습니다. 파시즘은 하나의 획일적인 이데올로기가 아니라, 서로 다른 정치적, 철학적 사상들의 콜라

21 *fuzzy*. 윤곽이 부정확한 〈불분명한〉 총체들을 가리키기 위해 일반적으로 논리학에서 사용되는 이 〈퍼지〉라는 용어는 〈불분명한*sfumato*〉, 〈혼란스러운*confuso*〉, 〈부정확한*impreciso*〉, 〈모호한*sfocato*〉 등으로 번역될 수 있을 것이다 — 원주.

주이자, 모순들의 집합체였습니다. 군주제와 혁명, 왕립 군대와 무솔리니의 개인적 친위대, 그리고 폭력과 절대적 통제, 자유 시장을 찬양하는 국가 교육과 교회의 특권들을 함께 모아 놓은 전체주의 운동을 상상할 수 있습니까? 파시스트 당은 새로운 혁명적 질서를 선언하면서 탄생하였지요. 그런데도 반(反)혁명을 기대하던 가장 보수적인 지주들의 지원을 받았습니다. 초기의 파시즘은 공화주의적이었지요. 그런데도 왕가에 충성을 선언하고, 〈황제〉의 칭호까지 받은 〈국왕〉과 〈지도자〉[22]가 함께 팔짱을 끼고 나아가도록 함으로써 20여 년 동안이나 살아남았습니다. 그런데 1943년 국왕이 무솔리니를 해임하자, 파시스트 당은 두 달 뒤 독일군의 도움으로 다시 나타났는데, 이번에는 자코뱅주의에 가까운 성향을 덧붙여서 옛날 자신의 혁명적 악보를 재활용하는 〈사회〉 공화국의 깃발을 들고 나타났지요.

나치즘에서는 단 하나의 나치 건축만이 있었고, 단 하나의 나치 예술만이 있었습니다. 나치의 건축가가 알베르트 슈페어[23]였다면, 미스 반데어로에[24]를 위한 자리는

22 지도자, 우두머리, 수령을 의미하는 이탈리아어 *duce*는 무솔리니에 대한 호칭으로 사용되었다.

23 Albert Speer(1905~1981). 독일의 건축가, 정치가. 베를린 건축물들의 책임 검열관이었으며, 나치 건축의 특징인 과시적 취향을 창조하였다.

없었습니다. 똑같은 방식으로 스탈린 시절에 라마르크가 옳았다면 다윈을 위한 자리는 없었습니다. 이와는 달리, 분명 몇몇의 파시스트 건축가들이 있었지만, 그들의 웅장한 건축물 곁에는 그로피우스[25]의 근대적 합리주의에 영감을 받은 새로운 건물들도 역시 있었습니다.

파시즘에는 단 한 명의 즈다노프[26]만 있지 않았습니다. 이탈리아에는 두 개의 중요한 예술상이 있었지요. 크레모나[27]의 예술부 장관은 파리나치[28] 같은 광적이고 무지한 파시스트에 의해 통제되었는데, 그는 선전 예술을 장려했습니다(「라디오에서 지도자의 연설을 들으면서」 또는 「파시즘에 의해 창조된 정신 상태」 같은 그림들이 기억나는군요). 또한 베르가모[29]의 예술부 장관은

24 Ludwig Mies van der Rohe(1886~1969). 독일 출신의 대표적인 현대 건축가들 중 한 사람으로 1937년 미국으로 이주하였다.

25 Walter Gropius(1883~1969). 독일 출신의 건축가, 디자이너, 도시 공학자. 바우하우스 운동의 주도자.

26 Andrei Aleksandrovich Zhdanov(1896~1948). 우크라이나 출신의 정치가. 스탈린 시대에 문화 분과의 책임자였으며, 소위 〈사회주의 리얼리즘〉의 이론가였다.

27 Cremona. 롬바르디아 지방의 도시 이름.

28 Roberto Farinacci(1892~1945). 이탈리아의 정치가. 〈크레모나 전투 파쇼〉의 창설자로 파시즘에 열렬히 가담하여 당 서기의 직책을 맡기도 하였고 하원 의원에 당선되기도 하였다. 전쟁이 끝난 후 파르티잔 대원들에 의해 총살당하였다.

29 Bergamo. 롬바르디아 지방의 도시 이름.

보타이[30] 같은 교양 있고 합리적으로 관용적인 파시스트에게 후원을 받았지요. 그는 예술을 위한 예술과 아방가르드 예술의 새로운 경험들을 보호하였는데, 그것은 독일에서는 유일하게 허용되었던 형식인 니벨룽겐적 〈키치〉에 반대되는 것이었기 때문에, 타락하고 공산주의에 동조하는 예술로 금지되었던 것이지요.

이탈리아의 국민적 시인은 단눈치오[31]였는데, 독일이나 러시아 같았으면 아마 총살당했을 댄디였지요. 그는 파시즘 체제에서 시성(詩聖, *Vate*)의 대열에 올랐는데, 프랑스 퇴폐주의의 요소들이 강렬하게 가미된 그의 민족주의와 영웅주의에 대한 찬양 때문이었습니다.

미래주의[32]를 보기로 합시다. 그것은 아마도 표현주의, 입체파, 초현실주의 등과 마찬가지로 〈퇴락한 예술〉의 한 예로 간주되어야 할 것입니다. 하지만 초기의 이

30 Giuseppe Bottai(1895~1959). 파시즘의 주요 창립자들 가운데 한 명. 여러 요직을 거쳤으나, 전쟁 막바지에는 무솔리니에 반대하는 투표를 하기도 하고 외인부대에 입대함으로써, 전쟁이 끝난 후 사면을 받았다.

31 Gabriele D'Annunzio(1863~1938). 이탈리아의 대표적인 데카당스 작가로 화려하고 수사학적이며 탐미적인 성향의 작품들을 발표하였으며, 파시즘을 열렬하게 지지하였다.

32 1909년 2월 20일 마리네티의 〈미래주의 선언〉과 함께 시작된 이탈리아의 아방가르드 예술 운동. 전통과의 단절, 전쟁, 폭력, 속도, 남성주의를 찬양하였고, 정치적으로는 제국주의와 식민지주의, 군사주의를 옹호함으로써 파시즘의 이데올로기를 대변하였다.

탈리아 미래주의자들은 민족주의자들이었고, 미학적 이유들로 인해 이탈리아의 제1차 세계 대전 참전을 부추겼고, 속도, 폭력, 위험을 찬양하였는데, 이러한 측면들은 어떤 면에서는 파시즘의 젊음의 찬양과 유사해 보였지요. 파시즘이 자신을 로마 제국과 동일시하고 농촌의 전통들을 재발견하였을 때, 마리네티(그는 자동차를 사모트라키[33]의 승리의 여신상보다 더 아름답다고 선언하였고, 심지어 달빛을 죽이고 싶어했지요)는 달빛을 매우 중요하게 존중하던 〈이탈리아 학술원〉의 회원으로 임명되었습니다.

또한 장차 이탈리아 공산당의 지식인들과 레지스탕스 파르티잔들로 활동하게 될 많은 사람들이 GUF, 즉 새로운 파시스트 문화의 요람이 되어야 할 파시스트 대학생 집단에서 교육을 받았지요. 이러한 클럽들은 일종의 지적 용광로가 되었고, 그 안에서는 새로운 사상들이 어떠한 이데올로기적 통제도 없이 널리 유포되고 있었습니다. 파시스트 당 사람들이 관용적이었기 때문이라기보다는, 그런 사상들을 통제할 만한 지적 도구를 갖춘

33 Samothraki. 에게 해 남쪽에 위치한 그리스의 섬으로, 이곳에서 현재 프랑스의 루브르 박물관에 보관되어 있는 승리의 여신상이 발견되었다. 마리네티는 〈미래주의 선언〉에서 〈기관총 위를 달리듯 굉음을 내는 자동차는 사모트라키의 여신상보다 아름답다〉고 선언하였다.

자가 거의 없었기 때문이지요.

그 20여 년 동안 에르메티스모[34] 시인들의 시는 파시즘 체제의 화려한 문체에 대한 반발을 대표하였는데, 그들은 단지 상아탑 안에서만 문학적 저항을 다듬도록 허용되었습니다. 에르메티스모 시인들의 감수성은 파시즘의 낙관주의와 영웅주의의 찬양과는 분명히 정반대의 입장이었지요. 파시즘 체제는 사회적으로 거의 감지할 수 없는 이러한 명백한 불일치를 묵인하였는데, 그토록 불분명하고 암시적인 시어에 충분한 관심을 기울일 수 없었기 때문입니다.

이탈리아의 파시즘이 관용적이었다는 말이 아닙니다. 그람시[35]는 죽을 때까지 감옥에 투옥되었고, 마테오티[36]

34 Ermetismo. 1930~1940년대 이탈리아의 대표적인 시파로서, 프랑스 상징주의의 영향과 함께 순수한 시어의 가능성을 최대한 활용하여 인간 내면의 순수하고 심오한 시적 순간을 포착하고 표현하고자 하였다. 따라서 지극히 암시적이고 모호한 그들의 시는 대부분 난해하기로 유명하다. 다른 한편으로 개인의 내면세계에 침잠함으로써 당시의 사회 문제를 외면하였다는 비판을 받기도 하였다.

35 Antonio Gramsci(1891~1937). 1921년 이탈리아 공산당을 창당한 대표적인 좌파 지식인으로 파시즘 정권의 등장과 함께 1926년 체포되어 10여 년 동안의 감옥 생활을 하던 중 지병이 악화되어 풀려 났으나 그 이듬해에 사망하였다. 투옥 기간 중에 집필한 방대한 분량의 『옥중 수고*Quaderni del carcere*』를 남겼다.

36 Giacomo Matteotti(1885~1924). 이탈리아의 정치가. 개혁적 성향의 사회주의 지도자였는데, 파시즘 체제를 격렬히 비난하는 연설을 한 다음 파시스트 집단에 납치되어 살해당하였다.

와 로셀리 형제[37]는 암살당하였으며, 언론의 자유는 억압되었고, 노동조합들은 해체되었고, 정치적 반대자들은 머나먼 섬으로 유배당하였고, 입법부는 완전한 허수아비가 되었으며, 행정부가(사법부와 대중 매체를 통제하면서) 직접 새로운 법률들을 제정하였는데, 그중에는 인종 보호를 위한 법률(유대인 학살에 대한 이탈리아의 형식적 지지)도 있었지요.

이러한 일관성 없는 이미지는 관용에서 기인한 것이 아니었습니다. 그것은 정치적, 이데올로기적 무질서의 전형이었습니다. 하지만 그것은 일종의 〈정돈된 무질서〉, 구조화된 혼란이었지요. 파시즘은 철학적으로는 혼란스러웠지만, 정서적 관점에서는 몇몇 원형들을 중심으로 확고하게 결속되어 있었습니다.

이제 제 주장의 두 번째 논점에 이르렀군요. 나치즘은 단 하나만 있었습니다. 우리는 프랑코의 과잉 가톨릭적 팔랑헤주의를 〈나치즘〉이라 부를 수 없습니다. 나치즘은 근본적으로 이교도적이고, 범신론적이고, 반기독교적이며, 만약 그렇지 않다면 나치즘이 아니기 때문이지

37 Carlo Rosselli(1899~1937)와 그의 동생 Nello Rosselli(1900~1937). 형 카를로는 사회당에 가입하여 반파시스트 활동을 벌이다 체포되어 유배되었다. 나중에 탈출하여 파리로 갔으나 프랑스의 극우파 테러 집단에 의해 동생과 함께 암살당하였다.

요. 이와는 반대로 파시즘에서는 여러 방법으로 게임을 할 수 있으며, 그렇다고 게임의 이름이 바뀌지는 않습니다. 〈파시즘〉이라는 개념에서는, 비트겐슈타인이 말하는 〈게임〉의 개념에서 일어나는 일이 발생합니다. 게임이란 경쟁적일 수도 있고 경쟁적이지 않을 수도 있으며, 한 사람이 관련될 수도 있고 여러 사람이 관련될 수도 있으며, 어떤 특별한 능력을 요구할 수도 있고 전혀 요구하지 않을 수도 있으며, 돈내기를 할 수도 있고 그렇지 않을 수도 있습니다. 게임은 단지 어떤 하나의 〈가족 유사성〉을 드러내는 일련의 상이한 활동입니다.

1	2	3	4
↓	↓	↓	↓
abc	bcd	cde	def

일련의 정치적 집단들이 있다고 가정해 봅시다. 집단 1은 abc의 양상들을 특징으로 하고, 집단 2는 bcd를 특징으로 하고, 그런 식으로 가정해 봅시다. 1과 2는 두 양상을 공통으로 갖고 있기 때문에 유사합니다. 똑같은 이유로 2와 3이 유사하고, 3과 4가 유사합니다. 3은 1과도 유사하다는 것을 주목하기 바랍니다(양상 c를 공통으로 갖고 있습니다). 가장 흥미로운 경우는 집단 4에서 나오는데, 그것은 명백히 3과 2와는 유사하지만, 1과는 아무

런 공통적 특징이 없습니다. 그럼에도 불구하고 1과 4 사이에 점차 축소되는 일련의 불연속적 유사성으로 인하여 일종의 착각을 일으키는 이행 과정에서 4와 1 사이에 가족성의 분위기가 남게 됩니다.

〈파시즘〉이라는 용어가 모든 것에 적용되는 이유는, 바로 어떤 파시즘 체제에서 하나 또는 그 이상의 양상을 제거하더라도 여전히 파시스트로 인정될 수 있기 때문입니다. 파시즘에서 제국주의를 제거하면 프랑코 또는 살라자르[38]의 파시즘을 얻을 수 있고, 식민주의를 제거하면 발칸 반도의 파시즘을 얻을 수 있습니다. 이탈리아의 파시즘에다 급진적인 반자본주의(무솔리니는 전혀 매력을 느끼지 못했던)를 덧붙이면 에즈라 파운드[39]가 나타날 것입니다. 켈트 신화의 찬양과 성배(聖杯, *Graal*)의 신비주의(공식적 파시즘에는 이질적인)를 덧붙이면 가장 존경받는 파시스트 심령 지도자들 중 하나인 율리우스 에볼라[40]를 발견할 것입니다.

38 António de Oliveira Salazar(1889~1970). 포르투갈의 극우파 정치가. 스페인 내전에서 프랑코의 군대를 적극적으로 지원하였다.

39 Ezra Loomis Pound(1885~1972). 미국의 시인. 기술 문명과 자본주의 경제를 모든 타락의 근원으로 간주하였으며, 1945년 미국에 반대하는 선전 혐의로 체포되어 이탈리아 피사의 강제 수용소와 미국의 정신 병원에 감금되었다가 1959년에 풀려나 이탈리아에서 여생을 보냈다.

이런 혼란에도 불구하고 저는 〈원형 파시즘*Ur-fascismo*〉 또는 〈영원한 파시즘〉이라 부르고 싶은 것의 전형적 특징들의 목록을 작성할 수 있다고 생각합니다. 그러한 특징들은 하나의 체계 안에 획일적으로 편입될 수는 없습니다. 많은 특징들이 상호 모순적이고, 또한 다른 형태의 전제주의나 광신주의에도 전형적으로 나타나기 때문이지요. 그렇지만 그것들 중 하나만 나타나더라도 파시즘의 성운으로 응집되기에 충분합니다.

1. 원형 파시즘의 첫 번째 특징은 〈전통의 숭배〉입니다. 전통주의는 파시즘보다 더 오래되었지요. 그것은 프랑스 대혁명 이후 가톨릭적 반혁명 사상의 전형이었을 뿐만 아니라, 후기 헬레니즘 시대에 고전적 그리스 합리주의에 대한 반발로서 탄생하였습니다.

지중해 근방에서 종교가 서로 다른〔모든 종교들은 너그럽게 로마의 판테온(萬神殿)에 받아들여졌지요〕 민족들은 인류 역사의 여명기에 받았던 하나의 계시를 꿈꾸기 시작하였습니다. 그 계시는 이제는 이미 사라진 언어들의 베일 속에 오랫동안 감추어져 있었지요. 그것은 이

40 Julius Evola(1898~1974). 이탈리아의 화가, 철학자. 초기에는 미래주의에 가담하였다가 다다이즘에 접근하기도 하였으나, 이후에는 비교(秘教) 철학, 연금술, 심령술 등에 몰입하였으며, 반진보주의적, 반유물론적인 세계관과 함께 인종 차별주의를 주장하였다.

집트의 상형 문자, 켈트족의 룬 문자, 아직 알려지지 않은 아시아 종교들의 성스러운 텍스트에 위탁되어 있었습니다.

이 새로운 문화는 틀림없이 〈혼합주의적〉이었을 것입니다. 〈혼합주의*sincretismo*〉란 일반 사전들이 말하듯이 단지 서로 다른 믿음이나 실천의 통합이 아닙니다. 그런 통합은 〈모순들을 관대하게 용인할 수 있어야〉 합니다. 모든 독창적 메시지들이 현명함의 싹을 간직하고 있으며, 상이하거나 모순적인 말을 하는 것처럼 보이는 것은, 단지 그것들 모두가 어떤 원초적인 진리를 우의적(寓意的)으로 암시하기 때문입니다.

그 결과 〈지식의 진전이란 있을 수 없습니다.〉 진리는 이미 결정적으로 예고되었으며, 우리는 단지 그 모호한 메시지를 계속하여 해석할 수 있을 뿐입니다. 모든 파시즘 운동의 강령을 살펴보기만 해도, 주요 전통주의 사상가들을 발견할 수 있습니다. 나치의 영지주의(靈智主義, *gnosis*)는 전통주의적이고, 혼합주의적이고, 신비주의적인 요소들에서 영양분을 섭취하였지요. 새로운 이탈리아 우파의 가장 중요한 이론적 원천인 율리우스 에볼라는 성배의 전설과 〈시온 장로회의 의정서〉[41]를 혼합하

41 20세기 초 프랑스에 망명한 러시아인들이 작성한 것으로 보이는 위조 문서. 1905년 러시아에서 처음으로 출판되었으며, 유대인들이 세

였고, 연금술과 신성 로마 제국을 혼합하였습니다. 자신들의 정신적 개방성을 증명하기 위하여 최근에 이탈리아 우파의 일부가 자체 강령을 확대하여 드 메스트르,[42] 게농[43] 그리고 그람시를 한데 모아 놓았다는 사실은 바로 혼합주의의 두드러진 증거입니다.

만약 여러분이 미국의 서점에서 〈뉴 에이지〉라는 팻말이 붙은 서가들을 뒤져 본다면, 심지어 성 아우구스티누스까지 발견할 텐데, 내가 알기로는 그는 전혀 파시스트가 아니었습니다. 하지만 성 아우구스티누스와 스톤헨지를 함께 모아 놓고 있다는 사실 자체, 〈그것〉이 바로 원형 파시즘의 증상입니다.

2. 전통주의는 〈현대성의 거부〉를 함축합니다. 파시스트나 나치 모두 테크놀로지를 숭상하였습니다. 반면 전통주의 사상가들은 대개 테크놀로지를 전통적인 정신

계 정복의 음모를 꾸미고 있다는 증거로 제시되었다. 이 문서는 무엇보다도 러시아의 반유대주의와 나치의 유대인 학살을 합리화하는 구실로 이용되었으나, 1935년 스위스 법정이 위조 문서임을 공식적으로 입증하였다.

42 Joseph de Maistre(1753~1821). 프랑스의 작가, 정치가. 사르데냐 왕국의 상원 의원을 역임하기도 하였다. 왕정 복고 이론가였으며, 근대 이성의 진리는 믿음의 진리에 대립되는 것으로 간주하였고, 모든 교회가 가톨릭 교회로 재통합되어야 한다고 주장하였다.

43 René Guénon(1886~1951). 이집트에 귀화한 프랑스 출신의 인류학자. 모든 종교적 믿음과 제의(祭儀)의 공통적 기원을 주장하였다.

가치의 부정으로 간주하여 거부하지요. 어쨌든 비록 나치즘이 자신의 산업적 성공을 자랑스럽게 생각하였을지라도, 현대성에 대한 그들의 찬양은 〈피와 땅*Blut und Boden*〉에 기반을 둔 이데올로기의 피상적인 양상에 불과하였습니다.

현대 세계의 거부는 자본주의적 생활 방식에 대한 비난으로 위장되어 있지만, 주로 1789년(또는 분명히 1776년)의 정신의 거부와 관련되어 있었습니다. 계몽주의 그리고 이성의 시대는 근대적 퇴락의 시초로 간주되었습니다. 이러한 의미에서 원형 파시즘은 〈비합리주의〉로 정의될 수 있을 것입니다.

3. 비합리주의는 또한 〈행동을 위한 행동〉의 찬양에도 의존합니다. 행동은 그 자체로 아름다우며, 따라서 어떠한 성찰도 없이 또한 성찰 이전에 실행되어야 한다는 입장이지요. 생각한다는 것은 무기력함의 한 형태이며, 그러므로 문화가 비판적 행위와 동일시되는 한 〈문화는 의심스럽다〉는 것입니다. 괴벨스[44]의 선언(〈나는 문화에 대한 말을 들을 때마다 내 권총을 뽑아 든다〉)에서, 〈지

44 Paul Joseph Goebbels(1897~1945). 독일의 나치 정치가. 반유대인 운동을 장려하고 강력한 예술 검열을 확립하였다. 히틀러에 의해 후계자로 지명되었으나 히틀러가 죽자 자신의 가족 전부와 함께 자살하였다.

식인 돼지들〉, 〈지식인 나부랭이들〉, 〈급진적 속물들〉, 〈대학은 공산주의자들의 소굴이다〉 등과 같은 표현들의 빈번한 사용에 이르기까지, 지식인 세계에 대한 의혹의 눈길은 언제나 원형 파시즘의 한 증상이었습니다. 공식적인 파시스트 지식인들은 주로 현대 문화와 자유주의적 인텔리겐치아가 전통적 가치들을 내버렸다고 비난하는 데 몰두하였지요.

4. 그 어떠한 형태의 혼합주의도 비판을 허용하지 않습니다. 비판 정신은 구별 작업을 하며, 구별한다는 것은 현대성의 표시이지요. 현대 문화에서 과학의 공동체는 불일치를 지식의 진보를 위한 도구로 이해합니다. 그런데 원형 파시즘에서 〈불일치는 바로 배반입니다.〉

5. 그 외에도 불일치는 다양성의 표시입니다. 원형 파시즘은 천성적인 〈차이에 대한 두려움〉을 과장하고 이용함으로써 일치를 찾고 증대시키려고 하지요. 파시즘 운동 또는 파시즘을 예고하는 운동의 첫 번째 호소는 침입자들에 대한 반대입니다. 그러므로 원형 파시즘은 그 정의상 인종 차별적입니다.

6. 원형 파시즘은 개인적 또는 사회적인 좌절에서 분출되지요. 이것은 무엇 때문에 역사적 파시즘들의 전형적 특징 중 하나가 〈좌절된 중간 계층들에 대한 호소〉였는가 설명해 줍니다. 그들은 어떤 경제적 위기 또는 정

치적 모욕으로 인해 불안해하거나, 사회적 하층 집단들의 압력에 놀란 중간 계층들입니다. 옛날의 〈프롤레타리아〉가 이제 프티 부르주아로 바뀌고 있는(그리고 룸펜들이 정치 무대에서 스스로 배제되고 있는) 우리 시대에, 파시즘은 이 새로운 다수 속에서 자신의 청중을 발견할 것입니다.

7. 어떠한 사회적 정체성도 없는 사람들에게 원형 파시즘은, 그들의 유일한 특권은 모두에게 가장 공통적인 것, 즉 같은 나라에서 태어난 것이라고 말합니다. 이것이 바로 〈국가주의〉의 기원이지요. 또한 국가에 정체성을 부여해 줄 수 있는 유일한 것은 바로 적입니다. 따라서 원형 파시즘 심리의 저변에는, 가능하다면 국제적인 〈음모의 강박 관념〉이 있습니다. 파시즘 추종자들은 자신들이 포위되어 있다고 느껴야 합니다. 음모를 출현시키는 데 가장 손쉬운 방법은 〈외국인 혐오증〉에 호소하는 것입니다. 하지만 음모는 내부에서도 역시 나와야 합니다. 유대인들은 대개 가장 멋진 표적이 되지요. 바로 그들은 내부에 있으면서 동시에 외부에 있다는 장점을 보여 주고 있으니까요. 미국에서 최근에 나타난 음모에 대한 강박 관념의 예는 팻 로버트슨Pat Robertson의 『새로운 세계 질서*The New World Order*』라는 책입니다.

8. 파시즘 추종자들은 적의 힘과 과시된 부(富)에 의

해 모욕감을 가져야 합니다. 제가 어렸을 때 영국 사람들은 〈다섯 끼니를 식사하는 국민〉이라고, 그러니까 가난하지만 근검한 이탈리아 사람들보다 훨씬 자주 먹는다고 배웠습니다. 또한 유대인들은 부자이고, 비밀 조직망 덕택에 서로 돕는다고 배웠습니다. 그럼에도 불구하고 추종자들은 적들을 패배시킬 수 있다는 확신을 가져야 합니다. 그리하여 수사학적 어조의 끊임없는 이동 덕택에, 〈적들은 너무나도 강하면서 동시에 너무나도 약하다〉고 생각하지요. 파시즘은 자신들의 전쟁에서 패배할 수밖에 없는 운명입니다. 왜냐하면 구조적으로 적의 힘을 객관적으로 평가할 수 없기 때문입니다.

9. 원형 파시즘에는 〈삶을 위한 투쟁〉은 없고, 오히려 〈투쟁을 위한 삶〉이 있습니다. 〈그렇다면 평화주의는 적과의 결탁〉입니다. 〈삶은 영원한 전쟁〉이기 때문에 평화주의는 나쁜 것이라는 말이지요. 하지만 이것은 아마겟돈 콤플렉스를 자체 안에 간직하고 있습니다. 그러니까 적들을 패배시켜야 하고 또한 패배시킬 수 있으므로, 최후의 싸움이 있어야 하며, 그 결과로서 파시즘 운동은 세계를 통제할 것이라고 말입니다. 그러한 〈최종적 해결〉은 이어지는 평화의 시대를 함축하는데, 그 황금시대는 영원한 전쟁의 원리와 모순되지요. 어떠한 파시스트 지도자도 그런 모순을 해결할 수는 없었습니다.

10. 엘리트주의는 근본적으로 귀족적이기 때문에 모든 반동적 이데올로기의 전형적 특징입니다. 역사의 흐름 속에서 모든 귀족적이고 군사적인 엘리트주의는 〈약한 자들에 대한 경멸〉을 함축하였지요. 원형 파시즘은 〈대중적 엘리트주의〉를 설교하지 않을 수 없습니다. 모든 시민은 세계에서 가장 뛰어난 국민에 속하며, 당원들은 가장 뛰어난 시민들이며, 모든 시민은 당원이 될 수 있습니다(또는 되어야 합니다). 하지만 천민들이 없는 귀족들은 있을 수 없습니다. 지도자는 자신의 권력이 위임으로 얻어진 것이 아니라 힘으로 정복되었다는 것을 잘 알고 있으며, 따라서 자신의 힘은 대중들의 허약함, 너무나도 허약하여 〈지배자〉를 필요로 하고 또 그럴 만한 자격이 있는 대중들의 허약함에 기초한다는 것도 잘 알고 있습니다. 집단은 계층적으로 조직되기 때문에(군대의 모델에 따라), 모든 하급 지도자는 자신의 하급자들을 경멸하고, 또 그 하급자들 각각은 자신의 부하들을 경멸합니다. 이 모든 것은 대중의 엘리트주의 의식을 강화시켜 줍니다.

11. 이러한 전망에서 보면 〈각자는 영웅이 되기 위해 교육받습니다〉. 모든 신화에서 〈영웅〉은 특이한 존재입니다. 하지만 원형 파시즘의 이데올로기에서 영웅주의는 일상적인 것입니다. 이러한 영웅주의 숭배는 〈죽음의

숭배〉와 밀접하게 연결되어 있습니다. 팔랑헤 당원들의 구호가 〈죽음 만세!〉였던 것은 결코 우연이 아닙니다. 보통 사람들에게 말할 때는 죽음이란 불쾌하지만 위엄 있게 직면해야 한다고 말하고, 신자들에게 말할 때는 죽음이란 초자연적인 행복에 도달하기 위한 고통스러운 방법이라고 말하지요. 그런데 원형 파시즘의 영웅은 오히려 죽음을 열망합니다. 영웅적 삶을 위한 최상의 보상으로 예고된 것으로서 말입니다. 원형 파시즘의 영웅은 죽고 싶어 안달을 합니다. 그 안달 속에서, 사족을 덧붙여 말하자면, 아주 빈번하게 다른 사람들을 죽게 만들지요.

12. 영원한 전쟁이나 영웅주의는 모두 하기 힘든 게임이기 때문에, 원형 파시즘은 자신의 힘의 의지를 성(性) 문제로 전이시킵니다. 이것이 〈남성주의〉(여성들에 대한 경멸 그리고 순결에서 동성애에 이르기까지 비순응적 성 습관들에 대한 견딜 수 없는 비난을 포함하는)의 기원입니다. 그런데 성 또한 하기 힘든 게임이기 때문에 원형 파시즘의 영웅은 자기 남근(男根)의 대용품인 무기를 갖고 게임을 하지요. 그의 전쟁 게임은 영원한 음경선망(陰莖羨望)에서 기인합니다.

13. 원형 파시즘은 〈질적인 민중주의〉 위에 기초합니다. 민주주의에서 시민들은 개인적 권리들을 향유하지만, 시민들 전체는 단지 양적인 관점에서만 정치적 충격

을 가할 수 있습니다(다수의 결정을 따르지요). 그런데 원형 파시즘에서는 개인 그 자체로서의 개인들은 권리를 갖지 않으며, 〈민중〉은 하나의 질(質)로서, 〈공통 의지〉를 표현하는 단일한 실체로 이해됩니다. 인간 존재의 어떠한 양(量)도 하나의 공통 의지를 가질 수 없기 때문에, 지도자는 자기가 그들의 해석자라고 주장합니다. 자신들의 위임 권한을 상실함으로써 시민들은 행동하지 않고, 단지 〈전체에 대한 부분〉으로서 민중의 역할을 수행하도록 부름받았을 뿐입니다. 그러므로 민중은 단지 연극 같은 허구일 뿐입니다. 이제는 질적인 민중주의의 멋진 모습을 연출하기 위해 구태여 베네치아 광장[45] 또는 뉘른베르크[46]의 스타디움이 필요하지 않습니다. 우리의 미래에는 〈텔레비전 또는 인터넷의 질적인 민중주의〉가 나타날 것이며, 거기에서는 선택된 시민 집단의 정서적 반응이 곧바로 〈민중의 목소리〉로 제시되고 수용될 수 있을 것입니다. 질적인 민중주의로 인해 원형

45 Piazza Venezia. 로마에 있는 광장으로 옛날 베네치아 공화국이 번성하였을 무렵 이곳에 베네치아 대사관이 있었기 때문에 그런 이름이 붙여졌다. 무솔리니는 이 근처에 집무실을 갖고 있었으며, 2층 발코니에서 광장을 메운 군중들을 향해 연설을 하곤 하였다.

46 Nürnberg. 독일 바이에른 지방의 제2의 도시. 히틀러는 1923년에서 1938년 사이에 이곳에서 여러 차례에 걸쳐 대규모 군중 집회를 조직하였는데, 나치 당의 힘과 세력을 대내외적으로 과시하기 위한 선전 행사였다.

파시즘은 《《썩어 빠진》 의회 정부에 저항해야 합니다.〉 무솔리니가 이탈리아 의회에서 발언한 첫 문장들 중 하나는 이런 것이었습니다. 〈나는 이 더럽고 음침한 회의실을 내 군대의 야영지로 만들었을 것이오.〉 실제로 그는 곧바로 자기 군대에 멋진 숙소를 만들어 주었지만, 얼마 지나지 않아 의회를 해산하였지요. 의회가 더 이상 〈민중의 목소리〉를 대변하지 않는다고 의회의 합법성에 대한 의혹을 어느 정치가가 던질 때마다, 우리는 원형 파시즘의 냄새를 느낄 수 있습니다.

14. 〈원형 파시즘은 《새로운 언어》를 말합니다〉. 〈새로운 언어〉는 조지 오웰이 『1984년』에서 잉속*Ingsoc*, 즉 영국 사회주의의 공식 언어로 고안해 낸 것입니다. 하지만 원형 파시즘의 요소들은 다양한 형태의 독재에 공통적입니다. 나치즘 또는 파시즘의 학교 교과서들은 모두 빈약한 어휘와 초보적인 통사를 토대로 하였는데, 바로 복잡하고 비판적인 사고를 위한 도구들을 제한하기 위한 목적이었지요. 하지만 우리는 다른 형태의 새로운 언어를 확인해 낼 준비가 되어 있어야 합니다. 그것이 대중적 토크 쇼의 순진한 형태를 띠는 경우에도 말입니다.

원형 파시즘의 가능한 원형들을 지적하였으니 이제 결론을 내려 봅시다. 1943년 7월 27일 아침 저는, 라디오에서 나온 정보에 의하면, 파시즘이 무너지고 무솔리니가 체포되었다는 말을 들었습니다. 어머니는 신문을 사 오라고 저를 보냈습니다. 저는 가장 가까운 가판대로 갔고, 신문들이 진열되어 있는 것을 보았습니다. 하지만 신문의 이름들이 달랐습니다. 게다가 간략하게 제목들을 훑어본 저는 각 신문이 서로 다른 말을 하고 있다는 것을 발견했습니다. 저는 집히는 대로 신문 하나를 샀고, 1면에 실린 메시지를 읽었습니다. 그것은 기독교 민주당, 공산당, 사회당, 행동당, 자유당 같은 대여섯 정당들이 서명한 것이었지요. 그 순간까지 저는 모든 나라에는 단 하나의 정당만이 있고, 이탈리아에는 단지 파시스트 국민당만 있는 것으로 믿었습니다. 저는 이탈리아에 동시에 여러 정당들이 있을 수 있다는 것을 발견했던 것입니다. 그뿐만이 아닙니다. 저는 눈치 빠른 아이였고, 그 수많은 정당들이 하루아침에 나타나기는 불가능하다는 것을 깨달았지요. 그러므로 그 정당들이 이미 비밀 조직으로 존재하고 있었다는 것을 깨달았습니다.

신문의 메시지는 독재의 종말과 자유의 회복을 찬양하고 있었습니다. 그것은 바로 낱말의 자유, 신문의 자유, 정치적 연합의 자유였습니다. 〈자유〉, 〈독재〉와 같은 낱말들을 — 오, 세상에! — 저는 제 생애에서 처음으로 읽었던 것입니다. 이 새로운 낱말들 덕택에 저는 서방의 자유로운 인간으로 다시 태어났던 것입니다.

우리는 이 낱말들의 의미가 다시는 잊히지 않도록 주의해야 합니다. 우리 주위에는 아직도 원형 파시즘이 있습니다. 때로는 사복(私服)으로 위장한 모습으로 말입니다. 따라서 만약 누군가가 세계 무대 위에 모습을 드러내고 〈나는 아우슈비츠를 다시 열고 싶다, 나는 또다시 검은 셔츠들이 이탈리아의 광장에서 사열하기를 원한다〉고 말한다면, 그것이 우리에게 차라리 마음 편한 일일지도 모릅니다. 하지만 세상에! 삶이란 그렇게 손쉬운 것이 아닙니다. 원형 파시즘은 아주 순진한 옷을 입고 또다시 나타날 수 있습니다. 우리의 의무는 그 가면을 벗기고, 매일 세계 각처에서 나타나는 그 새로운 형태들 각각에 대하여 손가락을 겨냥하는 것입니다. 다시 한 번 루스벨트의 말을 인용해 봅시다. 〈만약 미국의 민주주의가 밤낮으로 평화적인 수단을 찾으면서, 살아 있는 힘으로 발전하는 것을, 또한 우리 시민들의 여건을 향상시키는 것을 중단한다면, 파시즘 세력이 미국에서 성장할 것이라고 저는 감히 말하고 싶습니다〉(1938년 11월 4일). 자유와 해방은 절대 끝나지 않는 임무입니다. 〈잊지 마십시오〉, 이것이 바로 우리의 좌우명이 되어야 할 것입니다.

프랑코 포르티니[47]의 다음 시와 함께 끝내고자 합니다.

다리의 난간 위에는
교수당한 자들의 머리들,
샘의 물속에는
교수당한 자들의 침.

시장의 포장길 위에는
총살당한 자들의 손톱들,
초원의 마른 풀잎 위에는
총살당한 자들의 이빨들.

허공을 물어라, 돌멩이를 물어라,
우리의 살은 이제 인간의 살이 아니다.
허공을 물어라, 돌멩이를 물어라,
우리의 심장은 이제 인간의 심장이 아니다.

그래도 우리는 죽은 자들의 눈 속에서 깨닫고,
땅 위에 자유를 세우리라.
그래도 죽은 자들의 움켜쥔 주먹이 있고,
정의는 이루어지리라.

47 Franco Fortini(1917~1994). 본명은 Franco Lattes. 이탈리아의 시인, 소설가, 문학 비평가. 이데올로기적 참여 의식이 강한 글들을 남겼다.

이주, 관용 그리고 참을 수 없는 것

세 번째 천 년으로의 이주

2000년이 다가오고 있습니다. 저는 이 자리에서, 수학과 연대학(年代學)이 우리에게 던져 준 생각거리, 즉 이 새로운 천 년이 1999년 12월 31일 자정에 시작되는지, 아니면 2000년 12월 31일 자정에 시작되는지 논의하고 싶지 않습니다. 상징적인 영역에서 수학이나 연대학은 모두 하나의 견해이며, 분명 2000년은 하나의 마법의 숫자입니다. 그것의 매력은 2000년의 놀라운 일들을 예고하던 지난 세기의 수많은 소설들 이후 피하기 어려운 것이 되었지요.

다른 한편으로 우리는 연대기적 관점에서 보더라도 컴퓨터들이 2001년 1월 1일이 아니라 2000년 1월 1일에 위기에 봉착할 것이라는 점을 알고 있습니다. 우리의 감정은 감지할 수 없고 유동적일 수 있지만, 컴퓨터는 실수할 때조차 실수가 없습니다. 만약 2000년 1월 1일에 실수를 한다면, 그것은 옳은 것입니다.

2000년은 누구에게 마법의 숫자일까요? 그것은 명백하게 그리스도교 세계에 그렇습니다. 그리스도가 탄생한 것으로 추정된 시점으로부터 2000년을 가리키기 때문입니다〔비록 우리는 그리스도가 우리 기원(紀元)의 0년 되는 해에 절대 탄생하지 않았다는 것을 알고 있더라도 말입니다〕. 우리는 〈서방 세계에만〉 그렇다고 말할 수 없습니다. 그리스도교 세계는 동방의 문명들에도 퍼져 있기 때문이지요. 반면에 우리의 기록 체계를 〈서력 기원*Common Era*〉으로 간주하면서도 실제로는 다른 방식으로 햇수를 헤아리고 있는 이스라엘은 소위 서방 세계에 속합니다.

한편 17세기에 신교도 이사크 드 라 페레르[1]는 중국의 연대기가 히브리 연대기보다 훨씬 더 오래되었다는 점을 주목하였습니다. 그리고 원죄는 단지 아담의 후손

1 Isaac de la Peyrère(1596~1676). 프랑스 출신의 칼뱅파 신학자. 『아담 이전의 가설에 의한 신학 체계*Systema theologicum ex prae-adamitarum hypothesi*』(1655)에서 사도 바울로의 「로마인들에게 보낸 편지」의 제5장을 독창적으로 해석하여 인종의 다원 발생론을 주장하였다.

들에게만 해당될 뿐 훨씬 이전에 태어난 다른 민족들에게는 해당되지 않을 것이라는 가설을 전개하였지요. 물론 그는 이단으로 지목되었습니다. 하지만 신학적인 관점에서 옳았건 틀렸건, 그는 오늘날 누구도 더 이상 의문시하지 않는 사실에 대해 반발했던 것입니다. 즉 상이한 문명들에서 활용되는 다양한 날짜 표기들은 상이한 기원들과 역사 기술 방식들을 반영하며, 그리스도교 방식은 수많은 표기 방식들 중 하나에 불과하다는 사실 말입니다(저는 〈주의 해로부터 *ab anno Domini*〉라는 계산 방식이 일반적으로 믿는 것처럼 그리 오래되지 않았다는 점을 주목하고 싶습니다. 고·중세에는 그리스도의 탄생이 아니라, 세상이 창조된 것으로 추정되는 시기 이후부터 햇수를 헤아리고 있었으니까요).

저는 싱가포르나 베이징에서도 2000년을 축하할 것이라고 생각합니다. 유럽의 모델이 다른 모델들에게 준 영향 때문이지요. 아마도 모두들 2000년의 도래를 축하하겠지만, 지구상의 대다수 사람들에게 이것은 내면적 확신이 아니라 하나의 상업적 합의가 될 것입니다. 만약 중국에서 우리의 0년 이전에 문명이 번성했다면〔게다가 우리는 그 이전에 지중해 만(灣)의 다른 문명들이 번성했다는 것을 알고 있지요. 다만 플라톤과 아리스토텔레스가 살았던 세월을 〈기원전〉으로 헤아리는 데 합의했을 뿐입니다], 2000년을 축하한다는 것은 무엇을 의미할까요? 그것은 〈그리스도교적 모델〉이 아니라(왜냐하면 무신론자들도 역시 2000년을 축하할 테니까요), 유럽 모델의 승리를 의미합니다. 그것은 크리스토퍼 콜럼버스가 아메리카를 〈발견〉한 이후 — 아메리칸 인디언들이 그해에 바로 자신들이 우리 유럽인을 발견했다고 말할지라도 — 미국의 모델도 되었지요.

우리가 2000년을 축하할 때, 그것은 이슬람교도들, 오스트레일리아의 원주민들, 중국인들에게 어떤 해가 될까요? 물론 우리는 거기에 무관심할 수도 있습니다. 2000년은 우리의 것이며, 유럽 중심적인 날짜이며, 바로 우리의 일이니까요. 하지만 유럽 중심적 모델이 미국 문명까지 지배하는 것처럼 보인다는 사실 — 그렇지만 이 모델과는 동일시되지 않는 아프리카인들, 동양인들, 아메리칸 인디언들 역시 미국 시민들입니다 — 과는 상관없이, 우리 유럽인들이 아직도 유럽 중심적 모델과 우리를 동일시할 권리를 갖고 있습니까?

몇 년 전 파리에서 세계 모든 나라 학자와 예술가들이 모인 세계 문화 아카데미를 세우는 자리에서 하나의 헌장이 입안되었지요. 아카데미의 학문적 임무와 도덕적 임무까지 정의하려는 이 헌장의 서두 선언들 중 하나는 바로 다음 천 년에 유럽에서 거대한 〈문화들의 혼혈〉을 목격하리라는 것이었습니다.

만약 사건들의 흐름이 급작스럽게 바뀌지 않는다면(모든 것이 가능하니까요), 우리는 다음 천 년에 유럽이 뉴욕처럼 또는 라틴 아메리카의 몇몇 나라들처럼 될 것이라는 사실에 대비해야 합니다. 뉴욕에서는 〈멜팅 포트 *melting pot*〉 개념의 부정을 목격할 수 있습니다. 거기에는 푸에르토리코인들, 중국인들, 한국인들, 파키스탄인들에 이르기까지 상이한 여러 문화들이 공존하고 있습니다. 몇몇 집단은 서로 융합되었으며(가령 이탈리아인들과 아일랜드인들, 유대인들과 폴란드인들), 다른 집단은 분리된 상태를 유지하고 있습니다(상이한 구역에서, 상이한 언어를 사용하고 또 상이한 전통을 실행하면서 말입니다). 그런데도 모두 몇 개의 공동 법률과 하나의 공동 소통 언어인 영어(각자 충분하지 못한 방식으로 말하는)를 토대로 서로 만나고 있습니다. 뉴욕에서 소위 백인 주민들은 소수가 되기 시작하였으며, 그 백인들의 42퍼센트가 유대인이고, 나머지 58퍼센트는 매우 다양한 출신들로(가톨릭을 믿는 폴란드인들, 이탈리아인들, 스페인계 아메리카인들, 아일랜드인들 등이 있지요) 그 중에서도 와스프WASP(즉, 백인, 앵글로색슨 그리고 신교도)는 소수라는 점을 기억하기 바랍니다.

라틴 아메리카에서는 나라에 따라 상이한 현상들이

발생하였습니다. 때로는 스페인의 식민지 이주자들이 인디언들과 혼혈되었고, 때로는 (가령 브라질의 경우처럼) 아프리카 사람들과 혼혈되었으며, 때로는 〈크레올 *Creole*〉이라 불리는 언어와 주민들이 탄생하기도 했습니다. 혈통의 관점에서 생각해 보더라도, 어느 멕시코인 또는 페루인 또는 자메이카인이 유럽 계통인지 아니면 아메리칸 인디언 계통인지 말하기 매우 어렵습니다.

바로 그러한 현상이 유럽을 기다리고 있으며, 어떤 인종 차별주의자도, 어떤 향수 어린 반동주의자도 이런 형상을 막을 수 없을 것입니다.

저는 〈이민*immigrazione*〉의 개념과 〈이주*migrazione*〉의 개념을 구별해야 한다고 생각합니다. 〈이민〉이란 일부 개인들이(그 숫자가 많을 수도 있지만, 원래의 출신지에 비해 통계적으로 대수롭지 않은) 한 국가에서 다른 국가로 옮겨 가는 경우입니다(이탈리아인들이나 아일랜드인들이 미국으로 건너간 것처럼 또는 오늘날 터키인들이 독일로 가는 것처럼 말입니다). 이민 현상은 정치적으로 통제될 수 있고, 제한되거나 장려되고, 계획되거나 허용될 수 있습니다.

하지만 이주는 그렇지 않습니다. 격렬하건 평화적이건, 이주는 자연 현상과 같습니다. 즉 일단 발생하면 아무도 통제할 수 없습니다. 〈이주〉는 국민 전체가 조금씩

한 영토에서 다른 영토로 이동하는 경우입니다(원래의 영토에 얼마가 남아 있는지가 중요한 것이 아니라 이주민들이 이주한 영토의 문화를 근본적으로 얼마나 변화시키는가 하는 것이 중요합니다). 과거에는 동쪽에서 서쪽으로의 대규모 이주가 있었는데, 그 과정에서 코카서스 사람들은 원주민들의 생물학적 유산과 문화를 변화시켰지요. 또한 소위 〈야만〉 민족들의 이주가 있었는데, 그들은 로마 제국을 침범하여 소위 〈로마-야만〉 또는 〈로마-게르만〉으로 일컬어지는 새로운 문화와 새로운 왕국을 창출하였습니다. 아메리카 대륙을 향한 유럽인들의 이주가 있었고, 그들은 한편으로는 동쪽 해변에서 점차로 캘리포니아까지, 다른 한편으로는 카리브 해 섬들과 멕시코에서 케이프 혼의 끄트머리까지 갔습니다. 설령 그것이 정치적으로 계획되었다고 하더라도 저는 이주라 말하고 싶습니다. 유럽에서 온 백인들은 원주민들의 문화와 풍습을 채택한 것이 아니라, 원주민들(살아남은 자들)까지 동화되어 버린 새로운 문명을 세웠기 때문입니다.

중단된 이주도 있었습니다. 이베리아 반도에 도달한 아랍 계통 사람들의 경우가 그렇습니다. 부분적이고 계획된 형태의 이주도 있었지요. 그렇다고 영향력이 적은 것은 아닙니다. 가령 서쪽과 남쪽을 향한 유럽인들의 이주가 그러한데(여기에서 후기 식민지 국가로 일컬어지는 나라들이 탄생하였지요), 어쨌든 이주자들은 토착 주민들의 문화를 변화시켰으니까요. 다양한 유형의 이주 현상들에 대한 기술(記述)은 아직까지 이루어지지 않은 것 같습니다. 하지만 분명 이주는 이민과는 다릅니다. 이민은 이민자들(정치적 결정에 따라 허용된)이 이민하는 나라의 풍습들을 대부분 수용하는 경우이며, 이주는 이주자들(그 누구도 국경선에서 멈추게 할 수 없는)이 이주하는 영토의 문화를 근본적으로 변화시키는 경우입니다.

19세기는 이민자들의 전성기였지만, 오늘날 우리는 불확실한 현상들 앞에 직면해 있습니다. 오늘날 대규모 유동성의 분위기 안에서는 특정 현상들이 이민인지 이주인지 말하기가 매우 어렵습니다. 분명 남쪽에서 북쪽을 향한 걷잡을 수 없는 흐름이 있으며(유럽을 향한 아프리카인들 또는 아랍인들), 인도인들은 아프리카와 태평양의 섬들을 침범하였고, 어느 곳에든지 중국인들이 있고, 일본인들은 대량으로 이동하지 않을 때에도 자신들의 경제 및 산업 조직들과 함께 사방에 있습니다.

지구 전체가 교차된 이동의 영토가 되고 있는 마당에 이민과 이주를 구별하는 것이 가능할까요? 저는 가능하다고 믿습니다. 제가 말한 대로 이민은 정치적으로 통제가능하고, 이주는 그렇지 않습니다. 이주는 자연 현상과 같습니다. 이민이 있는 한, 국민은 이민자들을 특정 구역*ghetto*에 격리시킴으로써 원주민들과 섞이지 않기를 바랄 수 있습니다. 하지만 이주가 있을 때는 더 이상 특정 구역이 없으며, 혼혈은 통제할 수 없습니다.

현재 유럽이 아직도 이민으로 처리하려는 현상들은 실제로는 이주의 경우들입니다. 제3세계는 유럽의 문을 두드리고 있으며, 유럽이 동의하지 않더라도 들어갑니다. 이제 문제는 (정치가들이 믿는 척하는 것처럼), 파리에 〈차도르〉를 입은 여학생들을 허용할 것인가 또는 로마에 몇 개의 이슬람교 사원을 세워야 하는가 등을 결정하는 것이 아닙니다. 문제는 다음 천 년에(저는 예언자가 아니기 때문에 구체적으로 날짜를 밝힐 수는 없습니다) 유럽은 다인종(多人種) 대륙 또는 원한다면 〈유색〉 대륙이 될 것이라는 점입니다. 그것이 좋다면 그렇게 될 것이고, 좋지 않다고 하더라도 동일하게 그렇게 될 것입니다.

문화들의 이러한 대비(또는 충돌)는 유혈의 결과를 가져올 수도 있습니다. 저는 어느 정도는 그럴 것이며, 그것은 피할 수 없고 오래 지속될 것이라고 확신합니다. 하지만 인종 차별주의자들은 틀림없이(이론상으로는) 소멸 과정에 있는 부류가 될 것입니다. 도대체 어떤 로마의 귀족이 갈리아[2] 사람이나 사르마티아[3] 사람들 또는 성 바울로 같은 유대인들까지 〈로마 시민*cives romani*〉이 되고, 또한 종국에는 그러했듯이, 아프리카인이 황제의 자리에 오르는 것을 참을 수 있겠습니까? 이 귀족에 대해 우리는 잊었습니다. 그는 역사에 의해 패배당했으니까요. 로마의 문명은 바로 혼혈의 문명이었습니다. 인종 차별주의자들은 그 때문에 로마가 무너졌다고 말하겠지요. 하지만 그러기까지는 5백 년이 걸렸습니다 — 그것은 우리에게도 미래를 위한 계획을 세우도록 허용해 주는 기간으로 보입니다.

불관용

대개 근본주의*fondamentalismo*와 통합주의*integrismo*는 서로 밀접하게 연결된 개념이자 두 가지 가장 명백한 형태의 불관용(不寬容)으로 간주되지요. 『프티 로베르 *Petit Robert*』나 『프랑스어 역사 사전*Dictionnaire*

2 Gallia. 로마 시대에는 이탈리아 북부와 프랑스, 스위스, 벨기에 그리고 독일의 일부까지 포함하는 방대한 지역을 가리켰다.

3 Sarmatia. 흑해 부근의 넓은 평원 지역으로, 고대에 이곳에 이란 계통의 주민들이 정착하였다.

Historique de la Langue Française』 같은 훌륭한 사전을 참조해 보면, 〈근본주의〉의 정의가 곧바로 통합주의로 되돌아감을 발견할 수 있습니다. 이것은 모든 근본주의자들은 통합주의자들이며 또한 그 역도 가능하다고 생각하게 합니다.

그러나 설령 그것이 사실이라 하더라도 모든 불관용자들이 근본주의자이고 통합주의자라는 말은 아닙니다. 비록 현재 우리는 다양한 형태의 근본주의와 직면하고 있으며, 통합주의의 몇몇 예들이 사방에서 보인다고 하더라도, 불관용의 문제는 그보다 더 심각하고 더 위험합니다.

역사적인 관점에서 보면 〈근본주의〉는 〈성스러운 책〉의 해석과 연결된 해석학적 원리입니다. 근대 서양의 근본주의는 19세기 미국의 신교도 환경에서 탄생하였으며, 성서를 문자 그대로 해석하려는 단호한 태도를 특징으로 합니다. 특히 우주론적 개념들에 관해서 그랬는데, 당시의 과학이 그 진리성을 의문시하는 것처럼 보였기 때문이지요. 바로 여기에서 모든 비유적 해석에 대한 불관용적인 거부가 탄생하였으며, 특히 의기양양한 다윈주의처럼 성서 텍스트에 대한 믿음을 위협하는 것처럼 보이는 모든 교육을 거부하였습니다.

이런 형태의 근본주의적 문자주의는 아주 오래되었지

요. 교회 교부(敎父)들의 시대에 벌써 문자의 열렬한 옹호자들과, 가령 성 아우구스티누스처럼 다소 유연한 해석의 지지자들 사이에 논쟁들이 있었습니다. 하지만 근대 세계에서 편협한 근본주의는 신교도가 아닐 수 없었습니다. 왜냐하면 근본주의자가 될 수 있으려면, 진리는 성서의 해석에 의해 주어진다고 가정해야 할 필요가 있기 때문이지요. 그렇지만 가톨릭에서는 바로 교회의 권위가 그 해석을 보장해 주며, 따라서 신교도의 근본주의와 대등한 것이 있다면 아마도 전통주의일 것입니다. 저로서는 이슬람교도와 유대인의 근본주의적 성격은 고려하지 않겠습니다(따라서 그것은 전문가들에게 맡깁니다).

근본주의는 필연적으로 불관용적일까요? 해석학적 차원에서는 그렇지만, 정치적 차원에서는 필연적으로 그렇지 않습니다. 이렇게 상상해 볼 수도 있습니다. 즉 어느 근본주의 집단은 자기 고유의 선택받은 자들이 성서를 올바르게 해석할 특권을 갖고 있다고 주장하면서도, 그렇다고 어떤 형식의 종파주의도 옹호하지 않고, 따라서 다른 사람들이 그런 믿음을 공유하기를 강요하거나 그에 기초한 어떤 정치적 사회를 구현하기 위해 싸우려고 하지 않을 수도 있습니다.

이와는 달리 〈통합주의〉는, 종교적 원리는 동시에 정

치 생활의 모델이자 국가 법률의 원천이 되어야 한다고 주장하는 종교적이면서 정치적인 입장을 가리킵니다. 근본주의와 전통주의가 원칙상 보수적이라면, 진보적이고 혁명적이기를 원하는 통합주의들이 있습니다. 근본주의가 아닌 통합주의적 가톨릭 운동들이 있으며, 그들은 완전히 종교적 원리들에 영감을 받은 사회를 위해 싸우면서도, 성서의 문자적 해석을 강요하지 않고, 아마도 테야르 드 샤르댕[4] 식의 신학을 허용할 준비도 되어 있습니다.

그런 미묘한 차이들은 보다 더 미세할 수도 있습니다. 미국에서 나타난 〈정치적 올바름*political correctness*〉이라는 현상을 생각해 보십시오. 그것은 종교적, 인종적, 성적(性的) 모든 차이의 인정과 관용을 장려하기 위해 탄생하였습니다. 그럼에도 불구하고 새로운 형태의 근본주의가 되어, 거의 의례적인 방식으로 일상 언어를 사용하고 정신을 무시한 채 문자에 대해 작업하고 있습니다. 그리하여 심지어 맹인을 구별할 수 있고(비록 그를 〈보지 못하는 자〉로 부르는 섬세함을 가졌을지라도), 또한 특히 〈정치적으로 올바른〉 규칙들을 따르지 않는

4 Pierre Teilhard de Chardin(1881~1955). 프랑스의 신학자이자 고생물학자. 1899년 예수회에 가입하였으며, 특히 가톨릭 교리와 진화론 사이의 화해를 시도하였다.

사람들을 구별할 수 있습니다.

그렇다면 인종 차별주의는 어떻습니까? 나치의 인종 차별주의는 분명 전체주의적이며, 스스로 과학적이라고 주장하였지만, 인종의 학설에서 근본주의적인 것은 전혀 없었습니다. 이탈리아의 북부 동맹 같은 비과학적 인종 차별주의는 사이비 과학적 인종 차별주의와 동일한 문화적 뿌리를 갖고 있지 않습니다(사실 어떤 문화적 뿌리도 없습니다). 그렇지만 그것은 여전히 인종 차별주의입니다.

그렇다면 불관용은 도대체 무엇일까요? 그것은 근본주의, 통합주의, 인종 차별주의 사이의 이러한 유사성과 차이점들로 환원될까요? 인종 차별주의적이지 않은 불관용의 형태들도 있었습니다(가령 이단들의 박해 또는 독재 정권의 반대자들에 대한 불관용처럼 말입니다). 불관용은 지금까지 고찰한 모든 현상들의 뿌리에 자리 잡고 있는 훨씬 뿌리 깊은 것입니다.

근본주의, 통합주의, 사이비 과학적 인종 차별주의는 하나의 〈학설〉을 전제로 하는 이론적 입장들이지요. 불관용은 모든 학설 이전에 제시되는 것입니다. 그런 의미에서 불관용은 생물학적 뿌리를 갖고 있으며, 영역 싸움처럼 동물들 사이에서 나타나며, 종종 피상적인 감정적 반응들 위에 기초하고 있습니다 — 우리는 우리와 다른 사람들을 참지 못합니다. 그들은 다른 피부 색깔을 갖고 있기 때문에, 우리가 이해하지 못하는 언어를 말하기 때문에 또는 개구리, 개, 원숭이, 돼지, 마늘을 먹기 때문에, 문신을 하기 때문에…….

다른 것 또는 모르는 것에 대한 불관용은 어린아이들이 원하는 것을 모두 소유하려는 본능만큼이나 자연스러운 것입니다. 어린아이는 조금씩 조금씩 관용을 교육받습니다. 다른 사람의 소유에 대한 존중 그리고 훨씬 이전에 자기 괄약근의 조절을 교육받듯이 말입니다. 불행하게도 만약 모두가 자기 육체의 조절에 이르게 된다면, 관용은 어른들의 평생 교육 문제로 남습니다. 왜냐하면 일상생활에서 언제나 차이의 외상(外傷)에 노출되어 있기 때문이지요. 학자들은 종종 차이의 학설들에 대해서는 다루지만, 야만적 불관용에 대해서는 충분하게 다루지 않습니다. 그것은 모든 정의와 비판적 입장을 거부하기 때문입니다.

그렇지만 차이의 학설들이 야만적 불관용을 발생시키는 것은 아닙니다. 오히려 반대로 기존에 확산된 불관용의 토대를 학설들이 활용합니다. 마녀 사냥을 생각해 보십시오. 그것은 어두운 시대의 산물이 아니라, 바로 근대의 산물입니다. 『마법의 망치*Malleus Maleficarum*』는 아메리카의 발견 직전에 쓰였으며, 피렌체 인문주의와 동시대의 산물입니다. 장 보댕[5]의 『마법사들의 악마숭배*La Démonomanie des sorciers*』는 코페르니쿠스 이후에 글을 쓴 어느 르네상스 시대 사람의 펜 덕택에 나온 것이지요. 저는 여기에서 무엇 때문에 근대 세계가 마녀 사냥을 위한 이론적 정당화들을 만들어 냈는지 설명하고 싶지 않습니다. 다만 이러한 학설이 제시될 수 있었던 것은, 이전부터 마녀들에 대한 민중적 불신이 존재했었기 때문이라는 점을 상기하고 싶습니다. 그러한 불신은 고대의 고전(호라티우스)에서도, 로타리[6]의 칙령에서도, 성 토마스 아퀴나스의 『신학 대전*Summa Theologica*』에서도 발견됩니다. 그것은 마치 일상의 현실처럼 여겨지고 있었지요. 마치 형법이 도둑들의 존재를 고려하는 것처럼 말입니다. 하지만 그러한 민중적 믿음이 없었다면, 마법술의 학설이나 박해의 체계적인 실천이 확산될 수 없었을 것입니다.

사이비 과학적 반유대주의는 19세기에 나타났고 20세기에 이르러서야 인종 말살의 산업적 실천과 전체주의적 인류학이 되었습니다. 하지만 만약 오래전에 교회 교부

5 Jean Bodin(1530~1596). 프랑스의 법률가, 정치 이론가. 마법술에 대한 박해를 옹호하였다.

6 Rotari(?~652). 이탈리아에 정착한 롬바르드족의 왕. 643년 그의 이름으로 공포된 칙령은 388개 조항으로 이루어진 롬바르드 법률의 최초 집대성으로 간주된다.

들의 시대부터 반유대 논쟁이 없었다면 그리고 유대인 구역이 있는 모든 장소에서 오랜 세월에 걸쳐 순진한 민중들이 가졌던 실질적 반유대주의가 없었다면, 그것은 아마 나타나지 않았을 것입니다. 지난 세기 초에 있었던 유대인의 음모에 대한 반(反)자코뱅적 이론들이 민중적 반유대주의를 창조한 것이 아니라, 오히려 이미 존재하던 다름에 대한 증오를 이 이론이 활용한 것입니다.

더욱 위험한 불관용은 어떠한 학설도 없이 단지 기본적인 충동들에 의해 발생하는 것이지요. 그렇기 때문에 합리적인 논증으로 억제되거나 비판될 수 없습니다. 『나의 투쟁』의 이론적 토대들은 몇 가지 지극히 초보적인 논증으로 논파될 수 있지만, 그것이 제기하는 관념들이 어떤 반박에도 살아남았고 또 앞으로도 살아남는다면, 그것은 바로 모든 비판에 무감각한 야만적 불관용에 의존하기 때문입니다. 저는 르 펜[7]이 이끄는 국민 전선*Front National*의 불관용보다 이탈리아 북부 동맹의 불관용이 더 위험하다고 생각합니다. 르 펜은 배반한 성직자들을 아직 자기 배후에 데리고 있지만, 보시Bossi는 야만적 충동 이외에는 아무것도 갖고 있지 않기 때문입니다.

일주일 남짓한 동안에 1만 2천 명의 알바니아 사람들

7 Jean-Marie Le Pen(1928~). 프랑스의 정치가로, 1972년 격렬한 인종 차별주의를 특징으로 하는 극우 정당 〈국민 전선〉을 창당하였다.

이 들어온 이탈리아에 요즘 어떤 일이 일어나고 있는지 보십시오. 공식적이고 공개적인 모델은 환대였습니다만, 건잡을 수 없게 될 수도 있는 이 집단적 이주를 막기 원하는 사람들 대부분은 경제적이고 인구학적 논증을 사용합니다. 그러나 날이 갈수록 기반을 다져 가는 점진적인 불관용 앞에서는 모든 이론이 공허해집니다. 야만적 불관용은 미래의 인종 차별 원칙에 빌미를 제공하는 범주적 단락(短絡)에 기초합니다. 즉 지난 몇 년 동안 이탈리아에 들어온 일부 알바니아 사람들이 도둑이나 창녀가 되었다면(그것은 사실이지요), 모든 알바니아 사람들은 도둑이나 창녀라는 관념입니다.

그것은 무서운 단락입니다. 우리를 지속적으로 유혹하기 때문입니다. 어떤 나라의 공항에서 지갑을 도둑맞기만 해도, 나중에 집에 돌아와 그 나라 사람들을 믿지 말아야 한다고 주장하기에 충분하지요.

게다가 더욱 무서운 불관용은 차이의 최초 희생자인 가난한 자들의 불관용입니다. 부자들 사이에는 인종 차별주의가 없습니다. 부자들이 혹시라도 인종 차별 원칙을 만들어 냈을 수는 있습니다. 하지만 가난한 자들은 훨씬 더 위험한 실천을 실행합니다.

지식인들은 야만적 불관용에 대항하여 싸울 수 없습니다. 생각 없는 그 순수한 동물성 앞에서, 생각은 무장

해제되기 때문입니다. 하지만 원칙적 불관용에 대항하여 싸울 때에는 너무 늦습니다. 불관용이 원칙이 될 때, 그것을 물리치기에는 너무 늦고, 또한 그렇게 해야 할 사람들이 그 최초 희생자가 되기 때문입니다.

그럼에도 불구하고 바로 거기에 도전이 있습니다. 인종적이고 종교적인 이유로 서로 총을 쏘는 어른들에게 관용을 가르친다는 것은 시간 낭비입니다. 그것은 너무 늦습니다. 그러므로 야만적 불관용은 그 뿌리부터 없애 버려야 합니다. 그것이 책으로 나오기 전에 그리고 너무 단단하고 두꺼운 행동의 껍질이 되기 전에, 아주 어린 유년기에 시작되는 지속적인 교육을 통해서 말입니다.

누구를 위하여 종은 울리나 묻지 맙시다

짜증 나는 질문들이 있지요. 가령 당신이 혀를 깨물자마자 누군가가 당신에게 무슨 일이 있었느냐고 질문할 때처럼 말입니다. 〈자네는 어떻게 생각하나?〉 모두들 (극소수를 제외하고는) 프리프케[8] 사건 자체를 생각하는 요즘 사람들은 당신에게 질문합니다. 그리고 분명히

8 이 책 8면의 각주 2 참조.

당신이 분개하고 당혹스럽다고 대답하면, 거의 모두 실망하지요. 왜냐하면 근본적으로 모두들 분노와 당혹감을 줄여 줄 만한 말 한마디, 하나의 설명을 듣고 싶은 희망에서 상대방에게 질문하기 때문입니다.

말하기에는 거의 수치심을 느낄 정도로, 공산주의 재건당에서 국민 연합에 이르는 아주 광범위한 거물들까지 포함하는 일반적인 동의를 그렇게 싼값에 획득하였으니까요. 마치 로마의 군사 법정이 마침내 거의 모든 이탈리아인들이 동의하도록 만든 것처럼 말입니다. 우리는 모두 올바른 편에 선 셈이지요.

하지만 만약 프리프케 사건이 개별적인 사건, 간단히 말해 매우 황량한 사건(참회하지 않는 범인, 소심한 법정)을 넘어선다면, 또한 만약 우리를 더 깊이 연루시키지 않는다면, 우리도 결백하지 않다는 것을 암시하지 않는다면, 어떻게 될까요?

우리는 계속하여 이 사건을 현행 법률의 관계에서 평가하고 있습니다. 현행 법률로는 아마도 프리프케를 종신형에 처할 수 있겠지만, 법리학(法理學)의 관점에서는 로마의 군사 법정이 이해할 수 없는 방식으로 행동하였다고 말할 수도 없을 것입니다. 무시무시한 범죄를 자백한 범인이 있었고, 모든 법정이 그러해야 하듯이, 정상 참작할 만한 상황이 있었는지 살펴보는 것이 문제였지요. 좋습니다, 그때는 어려운 시기였고, 프리프케는 영웅이 아니라 불쌍한 비겁자에 불과했습니다. 비록 엄청난 범죄임을 가늠했을지라도, 거부할 경우 그 대가를 치를 것이 두려웠고, 그래서 다섯 명 이상을 죽였지만, 잘 아시다시피 피에 취했을 때는 짐승처럼 되는 법이지요. 좋습니다, 그는 죄를 지었습니다. 하지만 종신형 대신에 장기형을 줍시다. 정의는 살아남고, 소멸 시효는 작동되도록, 그렇게 고통스러운 장(章)을 닫읍시다. 군사적인 정당화도 없이 노파를 죽인 라스콜리니코프에 대해서도 우리는 그렇게 하지 않았습니까?

재판관들에게 현행 법률에 따라 행동하라고 위임을 부여한 것은 바로 우리입니다. 그런데 이제 와서 우리는 그들에게 도덕적 요구와 열정을 대립시키고 있습니다. 그리고 그들은 대답합니다. 자신들은 법복을 입은 사람들이지 킬러가 아니라고.

대부분의 반박들도 이미 명문화된 법전의 해석에 관한 것입니다. 프리프케는 명령에 복종해야만 했습니다. 그것이 전쟁 중인 나라의 군법이니까요. 아닙니다. 나치 법률에도 부당한 명령의 회피를 인정하는 법률이 있었으며, 게다가 친위대는 자발적인 경찰 부대였기 때문에 그는 군법에 따라 판결되지 않았어야 합니다. 하지만 국제적 관례는 보복의 권리를 정당화하고 있습니다. 그러면 이렇게 대답할 수 있지요. 그래요. 하지만 단지 선포된 전쟁의 경우에만 해당하지요. 그리고 결과적으로 독일은 이탈리아 왕국에 전쟁을 선포한 적이 없으며, 따라서 공식적으로는 전쟁의 대상국이 아닌 나라를 불법적으로 점령한 독일군들은, 만약 누군가가 청소부로 위장하여 그들 한 무리를 날려 버렸더라도, 불평할 수 없다고 말입니다.

계속해서 이러한 악순환 속에서 머물게 되겠지요. 예외적인 사건들 앞에서 인류가 현행법의 적용을 허용할 수 없어 새로운 법률을 제정할 책임을 지기로 결정할 때까지 말입니다.

우리는 그 역사적인 뉘른베르크 재판[9]에서 아직 모든 결론을 도출하지 못하였습니다. 엄밀한 합법성 또는 국제 관례의 관점에서 보면 그것은 하나의 월권이었습니다. 전쟁이란 하나의 규제된 게임이며, 종국에는 패배한 왕이 승리자인 자기 사촌을 포옹한다는 사실에 우리는 익숙해졌는데, 여러분은 도대체 무엇을 하십니까? 패배한 자들을 붙잡아서 목을 매답니까? 그렇습니다. 뉘른베르크 사건을 결정한 사람은 대답하겠지요. 우리는 이

9 제2차 세계 대전 후 연합국들로 구성된 국제 사법 재판소가 전범 책임자들을 처벌하기 위해 1945~1946년에 걸쳐 뉘른베르크에서 진행한 재판.

전쟁에서 인내의 한계를 넘어선 일들이 일어났다고 생각하며 따라서 규칙을 바꿉니다. 하지만 참을 수 없는 것은 바로 당신들 승리자의 가치에 비추어서 그런 것이고, 우리는 다른 가치를 갖고 있는데, 당신들은 그것을 존중하지 않습니까? 아니요, 우리는 승리했고, 또한 당신들의 가치 중에는 힘의 찬양이 있었기 때문에, 우리는 그 힘을 적용하여 당신들을 목매다는 것이오. 그렇다면 미래의 전쟁에서는 어떻게 될까요? 전쟁을 일으키는 자는, 만약 진다면 목이 매달리게 된다는 것을 알 것이오. 그러니 시작하기 전에 잘 생각하시오. 하지만 당신들도 잔인한 일들을 저질렀잖아요! 그래요, 하지만 그건 전쟁에 진 당신들이 하는 말이오. 우리는 이겼고, 그래서 바로 우리가 당신들의 목을 매다는 것이오. 하지만 그 책임을 지시오! 우리는 그 책임을 집니다.

저는 사형에 반대합니다. 설령 제가 히틀러를 붙잡았다 해도 앨커트래즈[10]에 보냈을 것입니다. 따라서 이제부터 〈교수형〉이라는 말은 상징적 의미로, 힘들고 엄격한 처벌의 의미로 사용될 것입니다. 그러나 교수형과는 별개로, 뉘른베르크의 논의는 조금도 흠이 없습니다. 참을 수 없는 행동들에 대해서는 법률까지 포함하여 규칙

10 Alcatraz. 샌프란시스코 만에 있는 작은 섬으로 1934~1964년에 연방 형무소로 사용되었다.

을 바꿀 용기를 가져야 합니다. 네덜란드의 재판소가 세르비아나 보스니아 국적을 가진 누군가의 행동에 대해 판결할 수 있습니까? 옛날 규칙에 의하면 그럴 수 없지만, 새로운 규칙에 의하면 그럴 수 있습니다.

1982년 말에 파리에서 개입을 주제로 한 학술 대회가 열렸는데, 거기에는 법률가, 군인, 평화 자원 봉사자, 철학자, 정치가들이 참여하였습니다. 국제 공동체가 참을 수 없는 일이 어느 나라에서 일어난다고 생각해 볼 때, 도대체 어떤 권리로 또한 어떤 신중함의 기준으로 그 나라의 일에 개입할 수 있을까요? 합법적 정부가 통치하는 나라에서 침략에 대항하여 구원을 요청하는 명백한 경우 이외에, 다른 모든 경우는 섬세한 구별*distinguo*을 요구합니다. 누가 나에게 개입하라고 요구합니까? 국민들의 일부가? 그들은 얼마나 자기 나라를 대표할까요? 그리고 혹시 아주 고귀한 의도를 가진 개입이 제국주의적 의지나 내정 간섭을 감추고 있지는 않을까요? (사군툼[11]의 교훈을 보십시오.) 그 나라에서 일어나는 일이

11 Saguntum. 스페인 중동부의 도시로 제2차 포에니 전쟁의 원인을 제공하였다. 제1차 포에니 전쟁으로 지중해의 여러 섬들에 대한 지배권을 상실한 카르타고는, 새로운 식민지를 개척하기 위해 한니발 장군을 보내 사군툼을 점령하였다(B.C. 219). 사군툼과 동맹 관계에 있던 로마는 군대를 파견하였고, 이에 맞서 한니발은 이탈리아 원정길에 오름으로써 기나긴 전쟁이 시작되었다.

우리의 인종 원칙과 어긋날 때 개입합니까? 하지만 우리의 원칙이 그들의 원칙입니까? 어느 나라에서 수천 년 전부터 식인 의식(우리에게는 공포이지만 그들에게는 종교 행사인)을 거행하기 때문에 개입합니까? 그래서 백인이 덕성의 짐을 지고, 우리 문명과는 다른 고대 문명의 국민들을 지배했던 것입니까?

저에게 받아들일 만하게 보인 유일한 대답은, 개입은 혁명과 같다는 것이었습니다. 즉 그렇게 하는 것이 좋다고 말하는 사전의 법률은 없으며, 오히려 법률과 관습에 거슬러 그렇게 한다는 것이지요. 그 차이는, 국제적 개입의 결정은 소수의 엘리트나 통제되지 않은 민중 운동에 의해 나오는 것이 아니라, 서로 다른 국민과 정부들 사이의 논의에서 나온다는 데 있습니다. 아무리 다른 사람의 견해, 풍습, 실천, 믿음 등을 존중한다 하더라도, 무엇인가가 참을 수 없는 것으로 보인다고 결정하는 것이지요. 참을 수 없는 것을 용인한다는 것은 우리의 정체성 자체를 의문시합니다. 무엇이 참을 수 없는 것인가 결정할 책임을 져야 할 필요가 있으며, 그런 다음 실수의 대가를 치를 준비를 하고 행동해야 할 필요가 있습니다.

생면부지의 참을 수 없는 것이 나타날 때, 참을 수 없음의 한계는 옛날 법에 의해 고정된 것이 아닙니다. 물론 참을 수 없음의 새로운 한계에 대한 동의가 가능한 한 광범위하고 또한 국경선을 초월하고, 어떤 방식으로든 〈공동체〉에 의해 보장된다고 확신해야 할 필요가 있습니다 — 이것은 포착할 수 없는 개념이지만, 지구가 돈다고 우리가 믿는 사실처럼 밑바탕에 자리 잡고 있습니다. 그런 다음에 선택해야 합니다.

나치즘과 유대인 대학살로 일어난 일은 참을 수 없음의 새로운 한계를 설정하였습니다. 인종 학살은 지난 과거에도 많이 있었으며, 또 어떤 방식으로든 우리는 모두 용인하였습니다. 우리는 힘이 없었고 야만적이었으며, 우리 마을에서 10마일 떨어진 곳에서 무슨 일이 일어나는지 몰랐습니다. 그렇지만 그것은 〈과학적인〉 용어로 승인되었으며(또한 실현되었으며), 전 지구적인 모델로 선전되었습니다. 그것은 단지 우리의 도덕적 의식에 타격을 준 것만이 아닙니다. 그것은 우리의 철학과 과학, 우리의 문화, 선과 악에 대한 우리의 믿음을 위태롭게 만들었습니다. 아니 그것들을 모두 없애고자 하였습니다. 이러한 호소에는 대답할 수 없었습니다. 단지 그것은, 지금 당장뿐만 아니라, 50년 후 그리고 다가올 세기들에도, 관용될 수 없을 것이라고 대답하였을 뿐입니다.

바로 이 참을 수 없는 것에 비추어 볼 때, 죽은 사람들이 정말로 6백만 명인지 헤아려 보는 부정론자들의 더러운 회계는 썩은 냄새가 나는 것입니다. 마치 5백만,

4백만, 2백만, 1백만 명 선에서는 타협에 도달할 수 있는 것처럼 말입니다. 또한 만약 가스에 질식된 것이 아니라, 단지 세심한 배려 없이 거기에 방치되었기 때문에 죽었다고 한다면? 만약 문신 알레르기 때문에 죽었다고 한다면?

참을 수 없는 것을 인정한다는 것은, 비록 죽은 사람이 단 한 명이고 또한 단순한 태만으로 인해 죽었다고 하더라도, 뉘른베르크에서 모두가 교수형에 처해졌어야 한다는 것을 의미합니다. 새로이 참을 수 없는 것은 인종 학살뿐만 아니라 그것의 이론화까지 포함합니다. 이론화는 학살의 심부름꾼들까지 연루시키고 책임지게 만듭니다. 참을 수 없는 것 앞에서는 의도, 선의, 실수들에 대한 섬세한 구별들이 소용없습니다. 그들은 말하지요. 하지만 나는 그렇게 명령을 받았기 때문에 사람들을 가스실로 몰아넣었고, 정말로 나는 그들을 소독하러 보낸다고 믿었습니다라고. 미안합니다만, 그것은 중요하지 않습니다. 여기에서 우리는 참을 수 없는 것의 발현 앞에 직면해 있으며, 따라서 정상 참작을 갖춘 옛날 법은 아무런 효력이 없습니다. 그러므로 우리는 당신을 교수형에 처할 것이오.

이러한 행동 규칙(미래의 참을 수 없는 것에 대해서도 유효하고, 또한 어디에 참을 수 없는 것이 있는가 결정하도록 우리에게 의무를 부과하는)을 채택하기 위해서는, 사회는 때로는 아주 강력한 많은 결정들을 내릴 준비가 되어 있어야 하고, 또한 모든 책임을 지는 데 강하게 결속되어 있어야 합니다. 프리프케 사건에서 모호한 요소로 우리를 혼란시키는 것은, 이러한 결정에서 우리는 아직 멀리 떨어져 있다는 사실을 깨달은 것입니다. 젊은 사람이든 나이 든 사람이든 거기에서 멀리 떨어져 있습니다. 또한 단지 이탈리아인들뿐만 아닙니다. 모두들 거기에서 손을 씻었습니다. 법이 있으니까, 그 사악한 자를 법정에 맡깁시다 하고 말입니다.

물론 오늘 우리는, 로마의 판결 이후, 참을 수 없는 것을 정의하는 이 결속 능력에서 훨씬 더 멀어졌다고 말할 수 있습니다. 하지만 이전에도 너무나 멀리 있었습니다. 바로 이것이 우리를 괴롭힙니다. 그것은 우리 자신이 공동 책임자임을 발견하는 것(하지만 자백하지 않는 것)입니다.

그렇다면 누구를 위하여 종은 울리나 묻지 맙시다.

옮긴이의 말

이 책은 움베르토 에코의 자그마한 책자 *Cinque scritti morali*(다섯개의 도덕론)를 옮긴 것입니다. 에코가 서문에서 밝히고 있듯이, 여기에 수록된 글은 잡지 기고문, 강연의 발표문, 세미나의 보고서, 그리고 여러 글의 콜라주로 되어 있습니다. 따라서 어떤 일관적인 계획에 의해 체계적으로 집필된 책은 아닙니다. 하지만 그 주제면에서 모두 도덕 또는 윤리의 문제를 다루고 있어, 이에 관한 에코의 내면적 성찰들을 단적으로 드러내고 있습니다.

도덕성의 문제는 현대 사회에서 첨예하게 대립되는 거의 모든 사건들에서 불거지고 있습니다. 언론, 전쟁, 파시즘 그리고 이민과 관용의 문제는 현대의 지구촌 사회가 끊임없이 직면해야 하는 문제들로서 그 해결의 실마리를 찾기가 무척 어려워 보입니다. 이에 대해 에코는 비판적 성찰과 함께 나름의 해결책을 찾으려고 노력합니다. 그런 작업은 무엇보다도 〈지식인의 기능〉을 강조하는 에코의 비판 정신을 단면적으로 보여 줍니다. 지식인의 임무는 바로 어떤 사건의 표면적 현상을 파헤쳐 문제의 본질을 드러내고, 그 뒤에 숨어 있는 허위의 가면을 벗기는 데 있습니다. 그러면서 동시에 끊임없이 〈자신의 길동무들을 비판하는〉 자기 비판을 통하여 보다 나은 대안을 찾으려고 노력하는 것입니다.

이 글에서는 대부분 시사 문제를 다루고 있는 만큼, 1990년대의 이미 지나간 사건들을 대상으로 합니다. 그렇지만 에코의 성찰은 21세기에 접어든 현재에도 충분히 되새겨 볼 만합니다. 이탈리아의 신문(넓게 보아 언론)에 대한 에코의 지적은 우리나라의 신문들이 나아갈 길에 대해서도 암시하는 바가 많습니다. 언론의 역할과 임무는 무엇보다도 도덕성과 밀접하게 연결되어 있으니까요. 걸프전으로 촉발된 전쟁에 대한 비판적 고찰은 최근의 아프간 사태에 비추어 볼 때, 여전히 강한 시사성을 던져 주고 있습니다. 이민이나 이주와 관련된 민족 간의 갈등과 차별은 현대의 〈지구촌〉 사회가 직면하고 있는 가장 예민한 문제들 중 하나이며, 또한 도덕성 시비가 가장 첨예하게 대립하는 곳입니다.

이러한 문제들에 대한 에코의 관찰은 그 자체로서 하나의 해결책이 될 뿐만 아니라, 앞으로의 좀 더 진지한 논의를 위한 제안으로서 의미가 있을 것입니다. 도덕이라는 범주는 사실 뚜렷한 경계선을 확정하기 어려우며, 그런 만큼 언제나 논란의 대상이 되지요. 바로 그 논쟁의 한가운데에는 지식인들이 있고, 그들의 비판은 새로운 길의 모색으로 이어집니다. 지식인들의 논쟁은 특히 자기비판을 포함하는 변증법적 관계 속에서 고유의 힘을 발휘합니다. 이런 의미에서 에코가 이 책에서 지적하는 내용들은 끊임없는 모색을 위한 실마리를 제공할 수 있을 것입니다.

에코의 글을 접할 때마다 느끼는 것입니다만, 그의 글은 대부분 수많은 텍스트 외적 정보들을 필요로 합니다. 이 책을 옮기는 과정에서 필요하다고 생각되는 부분들에는 나름대로 각주를 달았습니다. 특히 우리나라의 독자들에게 익숙하지 않은 이탈리아의 인물이나 사건들에 대해서는 약간의 정보가 필요하다고 생각했기 때문입니다. 물론 어느 정도 지명도가 있는 경우나, 문맥의 흐름상 굳이 필요 없다고 판단되는 경우에는 역주를 붙이지 않았습니다.

마지막으로 이 글들이 주로 학회 발표문이나 강연용으로 쓰였다는 점을 고려하여 높임말로 옮겨 보았습니다. 대화체의 높임말은 독자와의 직접적인 대화를 시도하면서 이론적 성격의 글들이 갖는 딱딱함을 어느 정도 누그러뜨리리라 생각합니다.

하양 금락골에서
김운찬

움베르토 에코 연보

1932년 출생 1월 5일 이탈리아 피에몬테 주의 소도시 알레산드리아에서 태어남. 에코라는 성은 〈*ex caelis oblatus*(천국으로부터의 선물이라는 뜻의 라틴어)〉의 각 단어 머리글자를 딴 것으로 알려져 있는데, 한 시청 직원이 버려진 아이였던 그의 할아버지에게 붙여 줬다고 함. 아버지 줄리오 에코Giulio Eco는 세 차례의 전쟁에 징집당하기 전 회계사로 일했음. 어린 에코와 그의 어머니 조반나 Giovanna는 제2차 세계 대전 동안 피에몬테에 있는 작은 마을로 피신함. 거기에서 움베르토 에코는 파시스트와 빨치산 간의 총격전을 목격했는데, 그 사건은 후에 두 번째 소설 『푸코의 진자』를 쓰는 데 많은 영향을 미침. 에코는 살레지오 수도회의 교육을 받았는데, 이후 저서와 인터뷰에서 그 수도회의 질서와 창립자를 언급하곤 함.

1954년 22세 아버지는 에코가 법학을 공부하길 원했지만 에코는 중세 철학과 문학을 공부하기 위해 토리노 대학교에 입학함. 토리노 대학교에서 루이지 파레이손 교수의 지도하에 1954년 철학 학위를 취득함. 졸업 논문은 「토마스 아퀴나스의 미학 문제Il problema estetico in San Tommaso」. 이 시기에 에코는 신앙의 위기를 겪은

후 로마 가톨릭 교회를 포기함.

1955년 23세 1959년까지 밀라노에 있는 라디오-텔레비전 방송국인 RAI의 문화 프로그램 편집위원으로 일하면서 저널리즘 세계에 입문함. RAI에서의 경험은 미디어의 눈을 통해 근대 문화를 검토해 보는 기회가 되었음. RAI에서 친해진 아방가르드 화가와 음악가, 작가들(63 그룹)이 에코의 이후 집필에 중요한 기반이 됨. 특히 학위 논문을 발전시킨 첫 번째 저서인 『토마스 아퀴나스의 미학 문제』를 출판한 1956년 이후부터 영향을 미침. 또 이 만남은 모교에서 강의를 시작한 계기가 되기도 함.

1956년 24세 『토마스 아퀴나스의 미학 문제』 출간. 1964년까지 토리노 대학교에서 강사를 맡음.

1959년 27세 『중세 미학의 발전*Sviluppo dell'estetica medievale*』 출간(후에 『중세의 미학*Arte e bellezza nell'estetica medievale*』으로 개정판 출간). 이를 계기로 영향력 있는 중세 연구가로 인정받음. 밀라노의 봄피아니 출판사에서 1975년까지 논픽션 부분 수석 편집위원으로 일하면서 철학, 사회학, 기호학 총서들을 맡음. 아방가르드의 이념과 언어학적 실험에 전념하는 『일 베리*Il Verri*』지에 〈작은 일기*Diario minimo*〉라는 제목으로 칼럼 연재. 이 기간에 〈열린〉 텍스트와 기호학에 대한 생각을 진지하게 전개해 나가기 시작하여 나중에 이 주제에 관한 많은 에세이들을 집필함.

1961년 29세 이탈리아 토리노 대학교 문학 및 철학 학부에서 강의하고, 밀라노의 폴리테크니코 대학교 건축학부에서 미학 강사직을 맡음. 잡지 『마르카트레』 공동 창간.

1962년 30세 토리노 대학교와 밀라노 대학교에서 미학 강의를 시작함. 최초의 주저 『열린 작품*Opera aperta*』을 출간함. **9월** 독일인 미술 교사인 레나테 람게Renate Ramge와 결혼해서 1남 1녀를 둠.

밀라노의 아파트와 리미니 근처에 있는 별장을 오가며 생활함. 밀라노의 아파트에는 3만 권의 장서가, 별장에는 2만 권의 장서가 있었다고 함. 「일 조르노Il Giorno」, 「라 스탐파La Stampa」, 「코리에레 델라 세라Corriere della Sera」, 「라 레푸블리카La Repubblica」 등의 신문과 잡지 『레스프레소*L'Espresso*』 등에 다양한 형태의 글을 발표함.

1963년 31세 『애석하지만 출판할 수 없습니다*Diario minimo*』 출간함. 주간 서평지 『타임스 리터러리 서플리먼트*Times Literary Supplement*』에 기고를 시작함.

1964년 32세 『매스컴과 미학*Apocalittici e integrati*』 출간함.

1965년 33세 『열린 작품』의 논문 한 편을 떼어서 『조이스의 시학*Le poetiche di Joyce*』으로 출간함. 제임스 조이스 학회의 명예 이사가 됨. 아메리카 대륙을 여행함.

1966년 34세 브라질 상파울루 대학교에서 강의함. 1969년까지 피렌체 대학교 건축학과에서 시각 커뮤니케이션 부교수로 일함. 어린이를 위한 책 『폭탄과 장군*La bomba e il generale*』과 『세 우주 비행사*I tre cosmonauti*』를 출간함.

1967년 35세 『시각 커뮤니케이션 기호학을 위한 노트*Appunti per una semiologia delle comunicazioni visive*』를 출간함. 잡지 『퀸디치*Quindici*』를 공동 창간함.

1968년 36세 『시각 커뮤니케이션 기호학을 위한 노트』를 개정하여 『구조의 부재*La struttura assente*』를 출간함. 이 책을 계기로 중세 미학에 대한 관심이 문화적 가치와 문학에 대한 보다 일반적인 관심으로 변화된 후에 자신의 연구 방향을 위한 기조를 설정함. 『예술의 정의*La definizione dell'arte*』를 출간함.

1969년 37세 뉴욕 대학교에서 초빙 교수 자격으로 강의함. 밀라노 폴리테크니코 대학교 건축학부의 기호학 부교수로 취임함.

1970년 38세 아르헨티나의 여러 대학에서 강의 시작함.

1971년 39세 『내용의 형식들*Le forme del contenuto*』과 『기호: 개념과 역사*Il segno*』를 출간함. 데달루스Dedalus(그리스 신화에 나오는 아테나이의 명장)라는 필명으로 이탈리아 공산당 지도자들이 창간한 잡지 『일 마니페스토*Il Manifesto*』에 기고함. 최초의 국제 기호학 학회지 『베르수스*VS*』의 편집자가 됨. 볼로냐 대학교 문학 및 철학 학부 기호학 부교수로 임명됨. 이때부터 그의 이론들이 본격적으로 제자리를 잡기 시작함.

1972년 40세 미국 시카고 노스웨스턴 대학교에서 방문 교수로 강의함. 파리에서 창설된 국제기호학회IASS/AIS 사무총장을 맡아 1979년까지 일을 함.

1973년 41세 『집안의 풍습*Il costume di casa*』(1977년에 출간한 『제국의 변방에서*Dalla periferia dell'impero*』의 일부로 수록됨) 출간함. 후에 『욕망의 7년*Sette anni di desiderio*』과 묶어 『가짜 전쟁*Semiologia quotidiana*』으로 재출간함. 『리에바나의 베아토 *Beato di Liébana*』 한정판을 출간하여 250달러에 판매함.

1974년 42세 밀라노에서 제1회 국제기호학회를 조직함.

1975년 43세 볼로냐 대학교 기호학 정교수로 승진함(2007년까지 재직함). 미국 UC 샌디에이고 방문 교수를 지냄. 『일반 기호학 이론*Trattato di semiotica generale*』을 출간함. 『애석하지만 출판할 수 없습니다』 개정판 출간함.

1976년 44세 『대중문화의 이데올로기*Il superuomo di massa*』 출간함. 『일반 기호학 이론*A Theory of Semiotics*』을 미국 인디애나

대학교 출판부와 영국 맥밀란 출판사에서 동시 출간함. 미국 뉴욕 대학교 방문 교수를 지냄. 이탈리아 볼로냐 대학교 커뮤니케이션학 및 공연 연구소 소장으로 임명되어 1977년까지 역임함(1980~1983년 다시 소장직 역임). 63 그룹과 신아방가르드에 관한 연구 결과로 루티G. Luti, 로시P. Rossi 등과 함께 『아이디어와 편지*Le idee e le lettere*』를 출간함.

1977년 45세 『논문 잘 쓰는 방법*Come si fa una tesi di laurea*』과 『제국의 변방에서』 출간함. 미국 예일 대학교 방문 교수를 지냄. 『매스컴과 미학』 개정판 출간함.

1978년 46세 미국 컬럼비아 대학교 방문 교수를 지냄.

1979년 47세 『이야기 속의 독자*Lector in fabula*』 출간함. 『독자의 역할*The Role of the Reader*』을 미국 인디애나 대학교 출판부와 영국 맥밀란 출판사에서 동시 출간함. 문학 월간지 『알파베타』를 공동 창간함. 국제기호학회 부회장을 역임함.

1980년 48세 소설 『장미의 이름*Il nome della rosa*』을 출간함. 〈나는 1978년 3월 독창성이 풍부한 아이디어에 자극받아 글쓰기를 시작했다. 나는 한 수도사를 망치고 싶었다〉는 말로 창작 배경을 설명함. 이 소설의 첫 번째 제목안은 〈수도원 살인 사건〉이었으나 소설의 미스터리 측면에 과도하게 초점이 맞춰졌다고 판단, 데이비드 코퍼필드의 제목에서 영감을 받아 〈멜크의 아드소〉를 두 번째 제목안으로 잡았다가 결국 좀 더 시적인 〈장미의 이름〉이라는 제목을 선택함. 에코는 이 책이 열린 — 수수께끼 같고, 복잡하며 많은 해석의 층으로 열려 있는 — 텍스트로 읽히기를 원함. 이탈리아에서만 1년 동안 50만 부가 판매됨. 독일어판과 영어판은 각각 1백만 부, 2백만 부 이상이 판매되었으며, 세계 40개국 언어로 번역되어 2천만 부 이상이 판매됨. 에코의 이름이 전 세계에 알려지는 결정적 계기가 됨. 1987년에는 장 자크 아노 감독, 숀 코너리 주연으로 영화화됨. 미국 예일 대학교 방문 교수를 지냄.

1981년 49세 『장미의 이름』으로 스트레가상Premio Strega, 앙기아리상Premio Anghiari, 올해의 책상Premio Il Libro dell'anno 수상. 비매품으로 밀라노 공공 도서관의 『도서관에 대해*De Bibliotheca*』를 출간함. 몬테체리뇨네Monte Cerignone(이탈리아 중동부 해안과 산마리노 공화국에서 가까운 작은 소읍의 이름인데, 에코의 별장이 있는 곳)의 명예시민이 됨.

1982년 50세 『장미의 이름』으로 프랑스 메디치상(외국 작품 부문) 수상.

1983년 51세 『알파베타』에 발표했던 「장미의 이름 작가 노트Postille al nome della rosa」를 『장미의 이름』 이탈리아어 포켓판에 첨부함. 『욕망의 7년: 1977~1983년의 연대기』를 포켓판으로 출간함. 볼로냐 대학교 커뮤니케이션학 연구소 소장 역임. 피렌체 로터리 클럽에서 주는 콜럼버스상Columbus Award을 수상함.

1984년 52세 『기호학과 언어 철학*Semiotica e filosofia del linguaggio*』 출간함. 상파울루에서 『텍스트의 개념*Conceito de texto*』 출간함. 미국 컬럼비아 대학교 방문 교수를 지냄.

1985년 53세 『예술과 광고*Sugli specchi e altri saggi*』를 출간함. 유네스코 캐나다 앤드 텔레클로브로부터 마셜 매클루언상Marshall McLuhan Award을 수상함. 벨기에 루뱅 가톨릭 대학교에서 명예박사 학위를 받음. 프랑스 정부로부터 예술 및 문학 훈장을 받음.

1986년 54세 볼로냐 대학교 기호학 박사 과정 주임 교수가 됨. 덴마크 오덴세 대학교에서 명예박사 학위를 받음.

1987년 55세 독일 콘스탄츠 대학교 출판부에서 『해석 논쟁*Streit der Interpretationen*』을 출간함. 『수용 기호학에 관한 노트*Notes* *sur la sémiotique de la réception*』를 출간함. 그동안 영어와 프랑스어로 썼던 다양한 글을 모아 중국에서 『구조주의와 기호학〔結構主義和符號學〕』 출간함. 미국 시카고 로욜라 대학교와 뉴욕 시립 대학교, 영국 런던 왕립 미술 학교에서 명예박사 학위를 받음.

1988년 56세 두 번째 소설 『푸코의 진자*Il pendolo di Foucault*』를 출간함. 즉각적인 성공을 거두어 세계에서 가장 중요한 소설가의 반열에 올라섬. 미국 브라운 대학교에서 명예박사 학위를 받음.

1989년 57세 그동안 썼던 에세이를 모아 독일 라이프치히에서 『이성의 미로에서: 예술과 기호에 관한 텍스트*Im Labyrinth der Vernunft: Texte über Kunst und Zeichen*』를 출간함. 『1609년 하나우 거리의 이상한 사건*Lo strano caso della Hanau 1609*』 출간함. 산마리노 대학교의 국제 기호학 및 인지학 연구 센터 소장을 맡음. 1995년까지 같은 대학교의 학술 집행 위원회도 맡음. 파리 3대학교(소르본 누벨)와 리에주 대학교에서 명예박사 학위를 받음. 방카렐라상Premio Bancarella을 수상함.

1990년 58세 『해석의 한계*I limiti dell'interpretazione*』 출간함. 그동안 쓴 글을 모아 독일에서 『새로운 중세를 향해 가는 길*Auf dem Wege zu einem Neuen Mittelalter*』을 출간함. 영국 캠브리지 대학교에서 열리는 태너 강연회*Tanner Lectures on Human Values*를 함. 불가리아 소피아 대학교, 영국 글라스고우 대학교, 스페인 마드리드 콤플루텐스 대학교에서 명예박사 학위를 받음. 코스탄티노 마르모Costantino Marmo가 『장미의 이름』에 주석을 달아 책을 냄.

1991년 59세 『별들과 작은 별들*Stelle e stellette*』과 『목소리: 행복한 해결*Vocali: Soluzioni felici*』 출간함. 옥스퍼드 률리 하우스 1(지금의 켈로그 대학교)의 명예 회원이 됨. 「전쟁에 대한 한 생각Pensare la guerra」을 『도서 리뷰*La Rivista dei Libri*』에 발표함.

1992년 60세 『세상의 바보들에게 웃으면서 화내는 방법*Il secondo diario minimo*』을 비롯해 『작가와 텍스트 사이*Interpretation and Overinterpretation*』, 『메모리는 공장이다*La memoria vegetale*』를 출간함. 파리의 프랑스 칼리지 방문 교수, 미국 하버드 대학교 노튼 강사를 지냈고, 유네스코 국제 포럼과 파리 문화 학술 대학교의 회원이 됨. 미국 캔터베리의 켄트 대학교에서 명예박사 학위를 받음. 어린이를 위한 책 『뉴 행성의 난쟁이들*Gli gnomi di Gnu*』을 집필함.

1993년 61세 『유럽 문화에서 완벽한 언어의 탐색*La ricerca della lingua perfetta nella cultura europea*』을 출간함. 1998년까지 볼로냐 대학교 커뮤니케이션학 학과의 주임 교수를 지냄. 인디애나 대학교에서 명예박사 학위를 받음. 프랑스의 레지옹도뇌르Légion d'Honneur 훈장(5등) 수훈함.

1994년 62세 『하버드에서 한 문학 강의*Six Walks in the Fictional Woods*』와 세 번째 소설 『전날의 섬*L'isola del giorno prima*』 출간함. 룸리R. Lumley가 『매스컴과 미학』의 일부 내용을 엮어 인디애나 대학교 출판부에서 영어판 『연기된 묵시파*Apocalypse Postponed*』 출간함. 국제기호학회의 명예 회장이 되어 지금까지 맡고 있음. 볼로냐 학술 아카데미 회원이 됨. 이스라엘의 텔아비브 대학교, 아르헨티나의 부에노스아이레스 대학교에서 명예박사 학위를 받음.

1995년 63세 그리스의 아테네 대학교, 캐나다 온타리오 지방 서드베리에 있는 로렌시안 대학교에서 명예박사 학위를 받음. 「영원한 파시즘Il fascimo eterno」을 컬럼비아 대학교의 한 심포지엄에서 발표함.

1996년 64세 추기경 카를로 마리아 마르티니Carlo Maria Martini와 함께 『세상 사람들에게 보내는 편지*In cosa crede chi non crede?*』 출간함. 파리 에콜 노르말 쉬페르외르 외래 교수를 역임함. 뉴욕 컬럼비아 대학교 이탈리아 아카데미 고급 과정 특별 회원을 지내고, 폴란드의 바르샤바 미술 아카데미, 루마니아 콘스탄타의 오비두스 대학교, 미국 캘리포니아 산타클라라 대학교, 에스토니아의 타르투 대학교에서 명예박사 학위를 받음. 이탈리아에서 수여하는 〈명예를 드높인 대십자가 기사*Cavaliere di Gran Croce al Merito della Repubblica Italiana*〉를 받음.

1997년 65세 『신문이 살아남는 방법*Cinque scritti morali*』, 『칸트와 오리너구리*Kant e l'ornitorinco*』를 출간함. **4월** 예루살렘에서 개최된 〈세 개의 일신교에서의 천국 개념〉 세미나에 참석함. 프랑스 그레노블 대학교와 스페인의 카스틸라라만차 대학교에서 명예박사 학위를 받음.

1998년 66세 리베라토 산토로Liberato Santoro와 함께 『조이스에 대하여*Talking of Joyce*』 출간함. 뉴욕 컬럼비아 대학교 출판부와 런던에서 『언어와 광기*Serendipities: Language and Lunacy*』 출간함. 『거짓말의 전략*Tra menzogna e ironia*』 출간함. 캐나다 토론토 대학교에서 〈고조*Goggio* 강연〉을 함. 모스크바의 로모노소프 대학교와 베를린 자유 대학교에서 명예박사 학위를 받음. 미국 예술 문예 아카데미 명예회원이 됨.

1999년 67세 볼로냐 대학교 인문학 고등 종합 학교의 학장으로 취임해 지금까지 맡고 있음. 독일 정부로부터 〈학문 및 예술에 대한 공적을 기리는 훈장〉을 수훈함. 다보스 세계 경제 포럼에서 크리스털상을 받음.

2000년 68세 에코는 평소에 미네르바라는 브랜드의 성냥갑에 해 둔 메모를 정리해서 잡지 칼럼에 연재하곤 했는데, 이 칼럼을 모아 〈미네르바의 성냥갑*La Bustina di Minerva*〉이라는 제목으로 출간함(한국어판은 『책으로 천년을 사는 방법』과 『민주주의가 어떻게 민주주의를 해치는가』로 분권). 실제 에코는 하루에 여러 갑의 담배를 피우고 밤늦게까지 일하며 손님들을 재미있게 해주고 무엇이든지 탐구하며 녹음기 틀기를 즐겨하는 성격의 소유자. 네 번째 소설 『바우돌리노*Baudolino*』 출간함. 토론토 대학교 출판부에서 『번역의 경험*Experiences in Translation*』을 출간함. 몬트리올의 퀘벡 대학교에서 명예박사 학위를 받음. 에스파냐의 오스투리아스 왕자상Premio Principe de Asturias 수상함. 다그마와 바클라프 하벨 비전 97 재단상Dagmar and Vaclav Havel Vision 97 Foundation Award 수상함.

2001년 69세 『서적 수집에 대한 회상*Riflessioni sulla bibliofilia*』 출간함. 개방 대학교에서 명예박사 학위 받음.

2002년 70세 『나는 독자를 위해 글을 쓴다*Sulla letteratura*』 출간함. 옥스퍼드 대학교 비덴펠트 강의 교수직과 이탈리아 인문학 연구소 학술 자문위원장을 맡음. 옥스퍼드의 세인트 앤 칼리지 명예회원이 됨. 미국 뉴저지의 러트거스 대학교, 이스라엘의 예루살렘 대학교, 시에나 대학교에서 명예박사 학위를 받음. 유럽 문학을 대상으로 하는 오스트리아상 수상. 프랑스의 외국인 지중해상 수상.

2003년 71세 『번역한다는 것*Dire quasi la stessa cosa*』과 『마우스 혹은 쥐?: 협상으로서의 번역*Mouse or Rat? Translation as Negotiation*』을 출간함. 알렉산드리아 도서관 자문위원회 위원을 맡음. 프랑스 레지옹도뇌르 훈장(4등) 수훈함.

2004년 72세 비매품 『남반구 땅의 언어*Il linguaggio della terra australe*』 출간함. 다섯 번째 소설 『로아나 여왕의 신비한 불꽃*La misteriosa fiamma della regina Loana*』, 『미의 역사*Storia della bellezza*』 출간함. 프랑스 브장송의 프랑슈 콩테 대학교에서 명예박사 학위를 받음.

2005년 73세 이탈리아 남부 레조 칼라브라아의 메디테라네아 대학교에서 명예박사 학위를 받음. UCLA 메달을 받음.

2006년 74세 『가재걸음의 시대*A passo di gambero*』를 출간함. 이

탈리아 인문학 연구소의 소장직을 맡음.

2007년 75세 『추의 역사*Storia della bruttezza*』 출간함. 슬로베니아 류블랴나 대학교에서 명예박사 학위를 받음.

2008년 76세 스웨덴의 웁살라 대학교에서 명예박사 학위를 받음.

2009년 77세 프랑스 문학 비평가 장 클로드 카리에르와 책의 미래에 관해서 나눈 대화를 엮은 책, 『책을 버려?*Non sperate di liberarvi dei libri*』를 출간함. 현재 볼로냐 대학교 명예 교수로 있음.

프랑스의 소르본 대학교, 미국의 브라운 대학교를 포함하여 세계 30여 개 대학교에서 명예박사 학위를 받았으며 초빙 교수로 강의하고 있음. 국제기호학회의 공식 저널인 『세미오티카*Semiotica*』, 미국 듀크 대학교에서 발간하는 『포에틱스 투데이*Poetics Today*』 외에도 『드그레*Degrés*』, 『구조주의자 리뷰*Structuralist Review*』, 『텍스트*Text*』, 『커뮤니케이션*Communication*』, 『정보의 문제*Problemi dell'informazione*』, 『단어와 이미지*Word & Images*』 등의 잡지와 저널의 편집 위원을 맡고 있음. 〈미국과 이탈리아를 위한 위원회〉와 〈이탈리아 아스펜 연구소〉 회원임. 유네스코, RAI의 실험적인 서비스 프로그램, 밀라노의 음악 음성학 센터, 밀라노 트리엔날레(1964), 몬트리올 엑스포(1967), 유럽 공동체 등과 공동 작업을 진행함. 〈해야 할 일이 많이 없으면 나는 어쩔 줄을 모른다〉고 밝히면서 여전히 역동적인 제스처를 구사하고 토론 중에 소리를 지르기도 하는 등 왕성한 활동을 하고 있음. 자신의 묘비명은 토마소 캄파넬라에게서 따온 인용문으로 쓰이기를 원하고 있음: 「기다려, 기다려.」「난 못해.」

움베르토 에코 마니아 컬렉션 19

신문이 살아남는 방법

옮긴이 김운찬은 1957년생으로 한국외국어대학교 이탈리아어과와 동 대학원을 졸업하였고, 이탈리아 볼로냐 대학교에서 움베르토 에코의 지도하에 화두(話頭)에 대한 기호학적 분석으로 박사 학위를 취득하였다. 현재 대구가톨릭대학교 문과대학 이탈리아어과 교수로 재직 중이다. 저서로 『현대 기호학과 문화 분석』, 『신곡—저승에서 이승을 바라보다』가 있으며, 옮긴 책으로 단테의 『신곡』, 에코의 『나는 독자를 위해 글을 쓴다』, 『논문 잘 쓰는 방법』, 『이야기 속의 독자』, 『대중문화의 이데올로기』, 『거짓말의 전략』, 칼비노의 『우주 만화』, 『마르코발도』, 모라비아의 『로마 여행』, 파베세의 『피곤한 노동』, 과레스키의 『신부님 우리 신부님』 등이 있다.

지은이 움베르토 에코 **옮긴이** 김운찬 **발행인** 홍지웅 **발행처** 주식회사 열린책들 **주소** 경기도 파주시 교하읍 문발리 499-3 파주출판도시 **대표전화** 031-955-4000 **팩스** 031-955-4004 ISBN 978-89-329-0884-7 04300 978-89-329-0875-5(세트) **발행일** 2003년 2월 20일 초판 1쇄 2005년 9월 20일 초판 5쇄 2009년 10월 30일 마니아판 1쇄

움베르토 에코 마니아 컬렉션 UMBERTO ECO MANIA COLLECTION

1. 중세의 미학 손효주 옮김 —『중세의 미와 예술』 신판
탁월한 중세 연구가 에코의 등장을 알린 중세 미학 이론서. 당시 에코의 나이는 26세. 젊은 에코는 이 책에서 중세의 문화 이론과 예술적 경험, 예술적 실제 간의 관계를 탐구하면서 신학과 과학, 시와 신비주의 등 그동안 분리되어 있었던 중세 미학의 이론들을 종합하고 있다.

2. 애석하지만 출판할 수 없습니다 이현경 옮김 —『작은 일기』 신판
농담과 철학, 그리고 문학적 감수성이 절묘하게 합성되어 있는 에코식 패러디의 결정판! 『성서』와 『오디세이아』는 출판하기에 부적절한 책으로 평가받고, 『롤리타』의 어린 소녀에 대한 동경은 할머니에 대한 성욕으로 바뀐다.

3. 매스컴과 미학 윤종태 옮김
대중문화의 주요 문제들을 다루는 동시에, 대중의 상상 세계를 사로잡았던 만화 혹은 대중 소설 속 영웅들을 흥미롭게 묘사하고 있다.

4. 구조의 부재 김광현 옮김 —『기호와 현대 예술』 신판
에코 기호학의 탄생을 알린 책. 이 책을 계기로 에코의 관심사는 중세 미학에서 점차 벗어나 일반적 문화 현상으로 확장되었고 자신의 기호학 이론을 체계화한다. 일반적인 기호학에서부터 사회 문화 전반에서 인식되고 있는 코드들, 영화나 광고, 건축과 같은 현대 예술에서의 미학적인 메시지 분석 등을 다루고 있다.

5. 기호: 개념과 역사 김광현 옮김
기호학의 이론적 토대인 〈기호〉에 관해 명쾌하게 설명하고 있다. 다양한 기호의 개념 분석과 기호 이론 소개, 기호가 제기하는 철학적 문제 등을 자세히 다루고 있다. 기호학 입문서로 손색이 없다.

6. 가짜 전쟁 김정하 옮김
일상에서 발견할 수 있는 〈기호〉의 개념을 추적한 책. 에코는 완벽한 진짜는 완벽한 가짜와 통한다고 말한다.

7. 일반 기호학 이론 김운찬 옮김
기호학자로서 정점에 올라선 에코가 진단하는 기호학의 가능성과 한계. 유럽에서 기호학이 본격적으로 관심을 끌던 시기에 출간되었는데 에코 스스로 자신의 기호학 서적 가운데 〈결정적〉인 것이라고 강조한다.

8. 대중문화의 이데올로기 김운찬 옮김 —『대중의 슈퍼맨』 신판
슈퍼맨이 나타나야 하는 이유? 본드걸이 죽어야 하는 이유? 바로 대중이 욕망하기 때문이다. 에코는 이 책에서 소설 속 영웅들의 탄생과 기능을 대중문화의 구조와 연결하고 분석한 뒤, 소설이 반영하는 시대와 그 시대를 넘어서는 문화 구조의 본질을 파헤친다.

9. 논문 잘 쓰는 방법 김운찬 옮김
논문 제대로 쓰고 싶은 학생들을 위해 논문 작성의 대가 에코가 나섰다. 공부하는 법, 글을 쓰는 기술, 정리된 사고를 하는 법 등 논문을 쓰기 위해 필요한 실질적 테크닉과 논문 작성 노하우들을 공개한다.

10. 이야기 속의 독자 김운찬 옮김 —『소설 속의 독자』 신판
에코가 우연히 접한 아주 짧은 텍스트에서 이 책의 모든 논의가 시작된다. 함정과 반전이 도사리고 있는 그 텍스트를 접하는 순간 대부분의 독자는 당황스러움과 모순을 느끼게 되고, 에코는 그러한 독자들의 반응을 토대로 텍스트와 독자 사이에 벌어지는 신경전을 치밀하게 추적한다.

11. 장미의 이름 작가 노트 이윤기 옮김 —『장미의 이름 창작 노트』 신판
『장미의 이름』을 읽지 않은 독자라면, 읽게 될 것이고, 이미 읽은 독자라면, 또다시 읽게 될 것이다. 『장미의 이름』을 집필하기 위해 놀라울 정도로 치밀하고 논리적인 계획을 세운 에코의 열정을 이 작가 노트에서 확인하는 순간!

12. 기호학과 언어 철학 김성도 옮김
현대 기호학의 핵심 이슈를 다루고 있다. 특히 일반 기호학의 접근법인 기호와 세미오시스라는 두 가지 이론적 대상을 분석하고 있는데, 에코는 이 책에서 두 개념이 서로 양립할 수 있음을 보여 준다.

13. 예술과 광고 김효정 옮김
미학 논문, 대중문화의 현상을 분석한 글, 텍스트 비평, 철학 및 기호학에 관한 글이 실려 있다.

14. 해석의 한계 김광현 옮김
문학에서의 〈해석〉이라는 문제를 기호학, 철학의 관점에서 인식하고 그 한계와 조건을 살펴보고 있는 이 책은 서양사를 이끌어 온 문헌학 발전의 역학 관계를 파헤친다.

15. 세상의 바보들에게 웃으면서 화내는 방법 이세욱 옮김
에코는 이 책에서 유머 작가가 되고, 상대방의 얼을 빼는 논객이 되고, 썰렁한 웃음도 마다 않는 익살꾼이 되어 우리가 사는 삶의 실상과 빠른 변화의 시기에 상처받지 않고 살기 위한 처세법을 유쾌하게 이야기한다.

16. 작가와 텍스트 사이 손유택 옮김 —『해석이란 무엇인가』 신판
움베르토 에코를 비롯하여 실용주의 철학자 리처드 로티, 탈구조주의자 조너선 컬러 등이 1978년 케임브리지 대학교에서 열린 〈해석과 초해석〉이라는 주제의 태너 강연회에서 발표한 글들이 실려 있다.

17. 하버드에서 한 문학 강의 손유택 옮김 —『소설의 숲으로 여섯 발자국』 신판
에코가 하버드 대학교에서 한 여섯 번의 강의를 재구성하여 출간한 것으로 독자가 책을 읽는 데 필요한 요소들은 무엇인지, 어떤 관점에서 〈이야기〉에 접근해야 하는지, 저자와 독자 사이에는 어떤 관계가 있는지 밝히고 있다.

18. 세상 사람들에게 보내는 편지 이세욱 옮김 —『무엇을 믿을 것인가』 신판
에코는 비신앙인의 입장에서, 마르티니 추기경은 신을 믿는 사람의 입장에서, 모든 이념적, 윤리적 근거와 희망을 잃어버린 채 새로운 천 년을 맞게 된 우리의 문제에 관해 편지를 주고받는다.

19. 신문이 살아남는 방법 김운찬 옮김 —『누구를 위하여 종은 울리나 묻지 맙시다』 신판
텔레비전과 인터넷에 밀려 좌초 위기에 빠진 신문의 생존 전략을 명쾌하게 제시한다. 이탈리아 신문을 예로 들고 있지만, 한국의 신문에도 그대로 적용된다. 전쟁과 파시즘의 문제 등 현대 사회의 다양한 이슈도 다루고 있다.

20. 칸트와 오리너구리 박여성 옮김
우리가 어떻게 사물을 인식하고 명명하는가라는 고전적인 철학의 핵심 문제를 기호학적으로 접근해 풀어낸 책.

21. 언어와 광기 김정신 옮김
인간의 역사를 형성해 온 실수의 층들이 위트와 박학, 놀라운 명석함으로 하나씩 벗겨진다. 신세계로 향하는 콜럼버스의 항해를 비롯해 장미 십자단과 성당 기사단의 비밀 그리고 전설적인 바벨 탑에 대해 고찰하는 이 책은 언어와 사고의 기이한 역사를 파노라처럼 펼쳐 보인다.

22. 거짓말의 전략 김운찬 옮김 —『낯설게하기의 즐거움』 신판
거짓말로 시작해 거짓말로 끝나는 이 책은 아이러니하게도 거짓말을 통해 진실을 밝히는 작업 또는 진실의 이면에 숨은 거짓을 드러내는 작업을 시도한다.

23. 책으로 천년을 사는 방법 김운찬 옮김 —『미네르바 성냥갑』 신판
『세상의 바보들에게 웃으면서 화내는 방법』에 이은 촌철살인 세상 읽기! 글을 잘 쓸 수 있는 방법을 비롯해 책이 중요한 이유 등을 에코 특유의 익살스러운 문체로 풀어 냈다.

24. 민주주의가 어떻게 민주주의를 해치는가 김운찬 옮김 —『미네르바 성냥갑』 신판
인권과 자유권, 평등권 등을 근본으로 삼는 민주주의는 현대 사회에서 가장 이상적인 사상으로 평가받지만, 에코는 그 민주주의 틈새를 파고들어 민주주의가 민주주의를 해치는 아이러니한 현장을 포착해 낸다.

25. 나는 독자를 위해 글을 쓴다 김운찬 옮김 —『움베르토 에코의 문학 강의』 신판
글쓰기의 진짜 즐거움이란 〈하나의 세계를 만든다〉는 것. 글은 오로지 〈독자〉를 위해 쓰는 것이지 자기 자신을 위해서만 쓸 수 없다는 에코의 주장은 문학의 존재 이유를 매혹적으로 드러낸다.

번역한다는 것(가제) 김운찬 옮김
It's raining cats and dogs라는 영어 문장을 개들과 고양이들이 비온다로 옮기는 번역가는 분명 멍청이일 것이다. 그러나 에코는 생각을 바꿔 보라고 조언한다. 만약 그 책이 공상 과학 소설이며 정말로 개와 고양이들이 비처럼 쏟아진다고 이야기하는 것이라면? 오로지 에코 자신의 경험을 바탕으로 번역의 의미에 대해 서술하는 책.

가재걸음의 시대(가제) 이세욱 옮김
전쟁과 평화, 파시즘, 인종 차별주의 등 20세기 초반에 나타난 사회 문화적 현상 전반에 대한 에코의 진단과 분석. 앞으로 나아가지 못하고 가재처럼 뒷걸음질치는 세태를 풍자하고 있다.

책을 버려?(가제) 임호경 옮김
움베르토 에코와 프랑스 문학 비평가 장 클로드 카리에르가 책의 미래에 관해서 나눈 대화를 엮은 책.